水運史から
世界の水へ

Speeches on Water Issues

徳仁親王

Crown Prince Naruhito

NHK出版

水運史から世界の水へ

徳仁親王

はじめに

本書には、昭和六二年（一九八七）に私が生まれて初めて行《おこな》った、テムズ川の水上交通の歴史に関する講演から、平成三〇年（二〇一八）三月にブラジリアで行った第八回世界水フォーラムにおける基調講演にいたるまでの、水上交通史や水災害を含む水問題についての講演の記録を収載しています。時間的にもかなり幅があり、しかも別々の機会の講演をまとめたために、本にするにあたり多少の修正はほどこしたものの、表現の不統一や内容に重複があること、また、紙面の都合上、講演時に使用した図版の多くを割愛せざるを得なかったことなどをあらかじめご了承いただきたいと思います。そのうえで、本書を通して、世界のさまざまな水問題、そして、主に皇太子としての私の水への取り組みについてご理解をいただければ幸いです。

いうまでもなく、水はこの世の生き物が生きていくために欠かすことのできないものです。幼少時の私は、山歩きの折に口にする水のおいしさをありがたく感ずる一方で、時には断水や多少のにごりがあっても、水道の蛇口をひねれば安全な水が飲めることをあたり前のように考えていたと思います。大学生であった昭和五五年（一九八〇）、東南アジア諸国の中で初めてタイ王国を訪問しました。この時が、水道の水を直接口にすることができずに、ミネラルウォーターを使用した最初だったと記憶しています。世界には、水を水道の蛇口から直接飲めない国が存在するのだということを実感しました。

学習院大学では、日本中世の海上交通を研究し、室町時代の瀬戸内海を流通した物資について考察しましたが、その時、重量のある物資を運ぶのに、船による海上輸送が陸上の輸送に比していかに効率のよいものであるか、いいかえれば水の力がいかに大きいかを感じました。大学卒業後、昭和五八年から六〇年まで(一九八三〜八五)、イギリスのオックスフォード大学マートン・コレッジで学び、一七〜一八世紀のテムズ川水運史を研究しました。そこでは、テムズ川を行き交った物資についての考察はもとより、テムズ川が交通路として発展していく過程や、水の利用に関してもさまざまな問題や工夫があったことを明らかにできました。

イギリス留学から帰国後の昭和六二年(一九八七)、私はネパール国を訪問しました。そして、ヒマラヤの山々を一望するポカラ郊外の山歩きの際に、水汲みをする人々に出会いました。蛇口から出るほんのわずかな水を求めて多くの女性や子供たちが集まっていたのです。「この水で持って来た甕《かめ》を満たすのにどのくらい時間がかかるのだろうか」。「女性や子供が多いな」。「水汲みというのもたいへんな仕事だな」。私は思わずシャッターを切っていました。この光景こそ、私が水問題を考える時にいつも脳裏に浮かぶものであり、私の取り組みの原点となっているように思います。

平成一五年（二〇〇三）に琵琶湖・淀川流域で開催された第三回世界水フォーラムで名誉総裁を務めさせていただいたことは、世界の水をめぐるさまざまな問題に目を開く大きなきっかけとなりました。同フォーラムでは、古代・中世の琵琶湖・淀川水運についてお話をしました。それ以降、直近のブラジルで行われた第八回世界水フォーラムまで、出席した四回で基調講演を行い、出席できなかった二回についてもビデオメッセージをお送りしました。また、「国連水と災害に関する特別会合」にもご招待をいただき、ニューヨークの国連本部で二回ほど講演を行いました。そして、平成一九年（二〇〇七）からの八年間は、「国連 水と衛生に関する諮問委員会」（ＵＮＳＧＡＢ）の名誉総裁をお引き受けしました。これらを含めた国際的な水に関する会議などを通して、私は、水問題の奥の深さやこの問題に取り組むことの大切さを肌で感じてきたように思います。

現在の、水をとりまくさまざまな問題への理解を深める一方、私は、過去から現在にいたるまでの、人と水との関わりを示す国内外の場所にも足を運んできました。そこには、水の利用の仕方や災害の防止のために、それぞれの国や地域で人々が知恵を出し合いながら取り組んできた歴史があることがよくわかりました。また、古い記録を読み解くことによって、津波などの災害に遭遇した人々が現代の私たちに残した貴重なメッセージを、同様の災害に対処するうえでの糧《かて》として、後の世代に確実に語り継いでいくことの大切さを実感するとともに、和歌や随筆などの文学作品にも、水や水災害などに対する「人々の思い」が込められていることを強く感じました。

本書に収めた講演では、主として日本において、人々が水とどう向き合ってきたかを歴史的な視点から取り上げています。人々の知恵や「思い」のメッセージが、少しでも多くの水に携わる方々に伝わり、海外でもそれぞれの国での水問題への取り組みの参考になればと思っています。

水問題は、あたかも水がどこにでも流れていくように、世界の紛争、貧困、環境、農業、エネルギー、教育、ジェンダーなどさまざまな分野に縦横無尽に関わってきます。近年は、水問題を、単独ではなく、食料やエネルギーの問題と一緒に考えるべきだとする枠組みが世界的に広がってきていると聞いていますが、さらに広く分野を超えた取り組みが大切になるでしょう。水を通してこれらの問題に関心を持つことができたことは、とても有意義であり、私の視野を大きく広げてくれた「水」に感謝しています。

地球上には、まだ安全な水を飲むことができない人々や、整った衛生施設を利用できない人々が多く存在します。ことに、後者に対しては、これから一層の取り組みが求められています。また、少な過ぎる水は渇水などの問題を引き起こす一方、多過ぎる水は、洪水や土砂災害などの災いをもたらします。巨大地震にともなう津波や、巨大ハリケーン・巨大台風による高潮などの被害も甚大です。地球温暖化による海面上昇も島嶼《とうしょ》国などで深刻な問題を引き起こします。このような、巨大津波や地球温暖化にともなう水問題は、今後ますます深刻になっていくと思われ、一層の対策が望まれます。私自身、日本はもとより、世界で困難な状況に置かれている人々に、今後とも心を寄せていきたいと思っています。

第八回世界水フォーラムのテーマは、「水を分かち合う」でした。生物の根源であり、ほかに代わるもののない大切な水が、人々が知恵を出し合うことにより、分かち合われ、その結果、紛争や貧困、教育やジェンダーなどの問題が改善され、平和と繁栄、そして幸福がすべての人々にもたらされるようになることを心から願わずにはいられません。

刊行に際して、私の水との関わりを今日まで長く温かくお見守りいただいてきた天皇皇后両陛下、UNSGABの議長を務められたオランダ国ウィレム・アレキサンダー国王陛下、ヨルダン国エル・ハッサン・ビン・タラール殿下、故橋本龍太郎元首相とウシ・アイト教授をはじめとするUNSGABのメンバーの皆さん、ハン・スンス「水と災害」ハイレベルパネル議長、森喜朗日本水フォーラム会長、尾田栄章氏、政策研究大学院大学教授の廣木謙三氏、湯沢威学習院大学名誉教授、学習院大学史料館客員研究員の木村真美子氏など、お世話になった方々、今もお世話になっている皆さまに、心からお礼を申し上げます。そして、私の水に対する関心に、いつも理解と協力をしてくれている妻の雅子にも感謝の気持ちを伝えたいと思います。

徳仁親王

もくじ

contents

はじめに

本書の編集にあたり、講演・講義の内容について、整序・修正を行った箇所がある。図版は、実際の講演や講義に用いた写真・図表から抜粋して掲載したが、一部に新規に掲出したものがある。年号表記は「和暦（西暦）」を原則とした。但し、第四章（オックスフォードにおける私の研究）と第五章（一七〜一八世紀におけるテムズ川の水上交通について）は西暦のみの表記とした。

第一章

平和と繁栄、そして幸福のための水

本章は、平成三〇年（二〇一八）三月一九日にブラジル連邦共和国ブラジリアのウリセス・ギマランエス・コンベンションセンターで開催された「第八回世界水フォーラム」の「水と災害」ハイレベルパネルにおける基調講演を収録したもので、“Water to Bring about Prosperity, Peace and Happiness”と題して、英語で行われたが、ここではその日本語訳を掲出した。

国と地域繁栄の礎としての水

ここ豊穣と発展の国ブラジル連邦共和国の首都ブラジリアで開催される第八回世界水フォーラムにおいて、基調講演を行う機会をいただいたことを嬉しく思います。まず初めに、昨年（平成二九年〔二〇一七〕）もアジア、南米、北米、欧州、アフリカ、大洋州、小島嶼《とうしょ》国などで多くの水害がありました。日本でも九州地方で豪雨による大規模な被害が発生しました。こうした災害で亡くなられた方々に心から哀悼の意を表しますとともに、被害を受けた方々にお見舞いを申し上げ、被災した地域の一刻も早い復旧・復興をお祈りいたします。

ブラジルは各国から多くの移民を温かく受け入れてきた寛容の大国でもあります。本年、日本からブラジルへの移民一一〇周年を迎えます。この国に現在の繁栄と発展をもたらしたすべての人々に、心からの敬意を表したいと思います。

ブラジルにわたった多くの人々が、土地の開墾と農業に携わったと聞いています。それには農作物を実らせる広大で肥沃な大地と豊かな水資源が欠かせないものでした。

また、この国には地球の二酸化炭素循環において大きな役割を果たす広大な熱帯雨林や、アマゾン川やラプラタ川などの多くの大河、国をまたがる巨大なグアラニ帯水層などがあります。これらの水に関係する地域は、この国の成長と発展のみならず、地球全体の気候のバランスの維持や生物の多様性の保持に重要な役割を果たしています。

すべての地域・国々において、人々の生活の安定と社会の発展のために水は欠かせない要素ですが、歴史を通じて、私たちにとって水は無為のうちに手に入るものではありませんでした。人類の歴史は自らの平和と繁栄、そして幸福のために水に働きかけてきた歴史ともいえるでしょう。

経済と社会の発展のための水

では、具体的な事例を見てみましょう。私は平成二六年（二〇一四）、日本の中部（愛知県）にある明治用水を訪れました。この用水がある碧海台地《へきかい》一帯では、江戸時代、人々は慢性的な水不足に苦しめられてきました。また、この生産性の低い荒れ地において、少ない水をめぐって争いも絶えなかったとされています。

一八〇〇年代初頭、豪農の都築弥厚《つづきやこう》により、この地を貫く大規模な灌漑用水事業が発想されました。そして、その志は後進に引き継がれ、約半世紀を超える努力の末に完成しました。明治用水と名付けられたこの一大事業により、碧海台地一帯は日本有数の農業地帯として発展しています。私も現地の水源管理所を訪れましたが、水位の監視や適切な配水などが行われることにより、現在でも水が流域に安定して供給されています。地域の経済と社会の発展に水が果たす役割を示した一例といえましょう。

もう一つの事例を見てみましょう。私たちは水を論じ、行動する時に「水だけ」に目を向けがちですが、実は水以外の分野にも目を向ける必要があります。私たちが今立っているブラジリアを含む地域は、セラードと呼ばれる広大な荒れ地でした。ブラジルの国土の四分の一を占めるセラードは、かつては不毛の乾燥地帯と考えられていました。長年の研究の末、セラードの低生産性は、その主因が水というよりも土壌の性質であることが明らかになり、これをもとに主に土壌の開発と種苗の改良が続けられました。また、天水利用、灌漑、その他の利水事業が必要に応じて行われました。これらの取り組みの連携により、セラードは非常に豊かな農業地帯へと変貌を遂げました。

昨日、私は昭和五七年（一九八二）に一度訪れたセラード農牧研究センター（ＣＰＡＣ）を三六年ぶりに再訪しました。ブラジルと日本の人たちの今も昔も変わらぬ高い志とこの地を豊かな農業地帯に変えようとするたゆまぬ努力に触れ、強い印象を受けました（図1－1）。大豆生産量や綿花の生産量の推移からもわかるとおり、私の訪問から三六年後の現在、人々の夢がかない、セラードは世界有数の農業地帯に生まれ変わったのです。

今、国際社会では「水、食料、エネルギー、自然生態系のつながり」が提唱され、分野横断連携の重要性が叫ばれています。水に関わる人々が他分野の人々と密接に連携することで、経済と社会の発展に向けた新たな展望が開けてくるでしょう。

図 1-1　セラード農牧研究センター（CPAC）

水を分かち合う

次に水を分かち合うことの大切さについて触れておきたいと思います。

図1-2は、日本の山梨県にある「三分一湧水《さんぶいちゆうすい》」と呼ばれる江戸時代から使われてきた分水施設です。三分一湧水では今でも日量約八五〇〇トンという豊富な湧水があり、地域の豊かな農業を支え続けています。

この施設の水源地域は、八ヶ岳《やつがたけ》連峰と呼ばれる南北三〇キロメートル、東西一五キロメートルにもおよぶ山の連なりの南側になります。八ヶ岳は火山群で、北部は原生林、草原、湖が点在するのに対して、南部は険しく、二五〇〇メートル以上のピーク（峰）が連なっています。八ヶ岳は登山をする人々に人気があり、私も好きな山の一つです。最高峰の赤岳《あかだけ》（標高二八九九メートル）をはじめとして、今まで三回ほど登っています。図1-3は、私が平成一七年（二〇〇五）九月に、八ヶ岳の最南端の編笠山《あみがさやま》から撮ったもので、左奥の岩山が赤岳で右側が権現岳《ごんげんだけ》です。実際に登ってみるとよくわかりますが、写真からも急峻な地形であることがおわかりいただけると思います。この登山の際に、湧水「乙女の水」を口にしましたが、大変冷たくておいしい水でした。

溶岩や火山礫《れき》が多く、水が滲《し》み込みやすい八ヶ岳南麓では、降った雨や雪は地下水となります。地下水は、水を通しにくい粘土の層の上で貯えられやすいことから、標高約一一〇〇メー

図 1-2　山梨県の「三分一湧水」

図 1-3　編笠山から望む赤岳（左）と権現岳（右端の頂）

トル地点には多くの湧水があります。しかし、こうした湧水はあるものの、これより下の台地では大きな河川がないために水が不足しました。農業用水を湧水に頼らなくてはなりませんでしたから、この限られた水をめぐり集落同士の争いが絶えませんでした。一方、大雨が降ると、「押《お》ん出《だ》し」といわれる山崩れが頻繁に発生し、堰《せき》や用水路を押し流してしまいました。この地域には、昭和一八年（一九四三）の押ん出しによって、山から押し流されてきた幅六メートルの巨石があり、その被害を後世に伝えるためにその巨石に碑文が刻まれています。

また、享保一〇年（一七二五）の古文書は、山崩れにより上流の堰が埋まったため、堰からの分水路を変更することについて利水者が協議した結果の合意書であり、同時に分水路が絵図で詳述されています。分水は、この地域の人々にとって文字どおり死活問題であったことが見て取れます。

この分水施設では、名前のとおり、湧水を「三分の一」に分け、下流にある三地区にその水を均等に配分しています。その仕組みは、まず湧き出た水を「分水池」と呼ばれる人工の池に一旦集めます。そして、この分水池の真ん中に「水分石《みくまりいし》」という三角形の石を置き、三方向へ均等に水を配分します（図1－4）。現在のように水分石の位置が固定されていない時代は、木柱が置かれ、この位置を変えることによって、皆が納得のいく位置を決めていたといいます。現在の形と位置に落ち着くまでには、地域の人々の間でさまざまな議論や試行錯誤があったことがうかがえます。水を分かち合うために透明性が重視されてきたことから、この分水が目に

図 1-4　三分一湧水の分水池に置かれた「水分石」

見える形で平等に行われていることも、注目されるべきでしょう。また、この等しく分けられた貴重な水が盗られないように、あるいは、途中で水路が破損して漏水しないように、地域住民が「水番」として、交代で水路の見回りを行っています。

この地域には、江戸時代に発生した押ん出しの濁流に乗って一匹の白蛇が山から下ってきたという伝説があります。災害が終わると白蛇はどこかへ消えたのですが、それ以来、三分一湧水を壊したり水源林を伐《き》ったりすると白蛇の怒りに触れるといわれています。水と水源を守る地域の知恵だったのかもしれません。この潤いを感じさせる美しい三分一湧水は、水を分かち合うことのシンボルであるといえましょう。

ここでは日本の例を見てきましたが、歴史を通じ世界にも水を分かち合う工夫は多くあります。その仕組みは施設や慣習にとどまらず、社会システム、法制度、条約にまでおよびます。その中で水に関する情報を共有し、協働して水や水源を守り、異なる水利用を折り合わせることは、人々が水を分かち合い、平和と繁栄、そして幸福を分かち合う第一歩といえます。

地球全体の繁栄に果たす水の役割——科学技術の眼を通して

今まで地域における水への働きかけと、水を分かち合うことによる平和と繁栄の歩みを、事例を通じて見てきました。ここからは、科学技術の力を借りて、より広く、地球全体の繁栄に果たす水の役割を俯瞰《ふかん》していきたいと思います。

ブラジルのマナウスには、森林上の大気境界層で、森林と大気間の水・熱・物質の交換を観測するタワーがあります。また、ロシアのヤクーツクなどにも同じ観測タワーがあります。このようなタワーの観測結果などから地球の大気や熱の動きとそれに関わる水の役割が明らかになってきています。

皆さんは夏に庭や路面に水を撒《ま》くと周りが涼しくなった経験はないでしょうか。日本ではこれを「打ち水」といいます。これは撒いた水が蒸発する時に地表の熱を大量に吸い取るために起こります。そして水蒸気は上空に立ち上っていきます。実はこの現象は地球規模でも起こっています。海洋面を含む地表面が太陽光で熱せられると、地表面にある水や湿気は、蒸発し、同時に熱を奪い取ります。水蒸気は、空気とともに上空へ向かった後、凝縮されて雨粒となります。そして、雨が降った後、乾いた空気は地表に戻ります。この仕組みが、地表面の過熱を防いでいます。また、この仕組みが、対流圏における空気と水の循環をつくり出しています。

一方、海洋にある水は海流により移動します。この仕組みを通じ、熱帯で温められた水は移動して寒帯の大陸を温めているのです。つまり、海流とともに地球上の熱は大きく平面的に移動しています。

全体的に見ると、水の助けにより、地球上を熱が縦方向にも横方向にも循環しているともいえます。この縦方向と横方向の水の移動がなかったとしたら、地球は過熱し、また極端に熱せられた地域と冷やされた地域に分かれ、とても生命が維持される環境にはなりません。

水が生み出す地球上の大気の循環は、地上の自然環境の形成にも大きな役割を果たします。アマゾン川流域は、熱帯雨林と多様な生態系で知られるわけですが、実はアマゾン川流域に降る大量の雨は土壌に含まれるリンを海洋に流出させています。それにもかかわらず、長きにわたり、アマゾン川流域の肥沃な土壌における豊かな生態系が維持されてきているのは何故でしょうか。答えはアフリカ大陸にあるようです。

図1－5は、上空を飛ぶ砂の量を人工衛星から観測したものです。アフリカのサハラにあるボデレ低地などから舞い上げられたリンを含む大量の砂が大気の大循環に乗って飛び、大西洋をわたって南米大陸に降り注いでいます。その量は年間四五〇〇万トンに上り、そのうちアマゾン川流域には二七〇〇万トンが降り注いでいることが最近の人工衛星観測から推定されています。これにより、アマゾン川流域の土壌にはリンが持続可能に供給されているというのです。アマゾン川流域の生物の多様性は、水が関係する空気の循環によってアフリカのサハラとつながり、サハラのおかげで持続可能性が確保されているという壮大な絵図が、科学の眼を使って描かれはじめました。

このように水は水圏、気圏、地圏の循環すべてに広く関わり地球上の生命の繁栄の基礎をなしています。今後、科学技術による水をめぐるさまざまな現象の解明が、水を通じた人類の繁栄にさらに貢献することを期待しています。

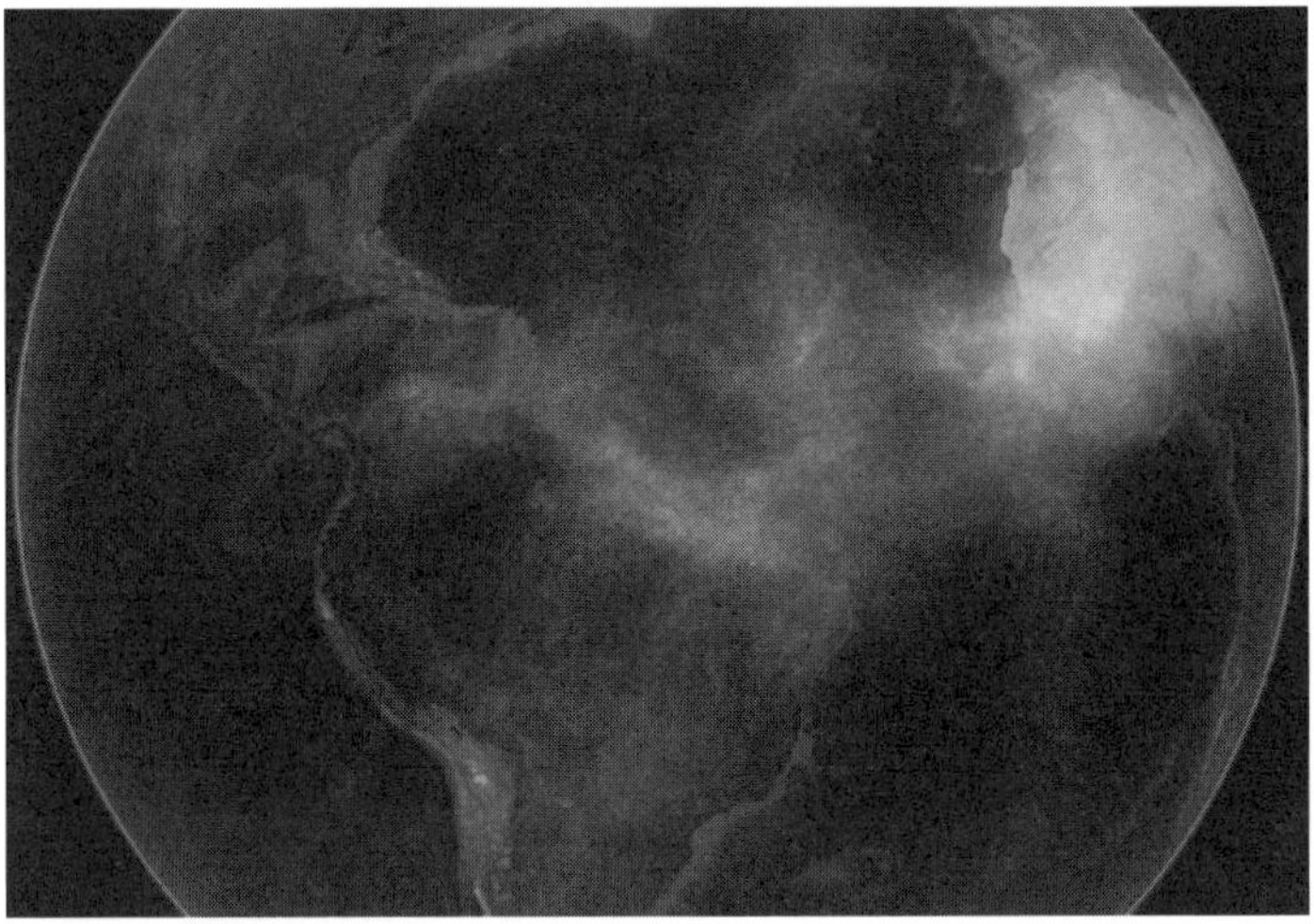

図 1-5　人工衛星から観測した大気中を飛ぶ砂

以上お示ししたように、水を通じた地球上の絶妙な熱バランスが、人々の生活と繁栄を維持していることに、皆さんはもうお気付きのことと思います。しかしながら、このバランスは現在脅かされています。何が原因でしょうか。それは、地球の温暖化と気候変動です。

その影響が真っ先に感じられるのが、異常な降雨や洪水、干ばつに起因する水災害です。**図1−6**は、ドイツ、米国、日本における豪雨頻度の経年変化を表したグラフです。近年、豪雨の頻度が増加していることがわかります。**図1−7**は、気候変動シミュレーションによる二酸化炭素の濃度と地球規模での降雨強度の変化を表しています。二酸化炭素の濃度が増加した場合、より狭い区域で豪雨が現れる予測結果が示されています。

水災害は一見、地域や河川ごとに起こるローカルな問題にも見えます。しかし、科学的な分析によれば、近年頻発する水災害はその遠因に気候変動があるのです。我々が、今十分な対策を講じなければ、等比級数的に被害が激化していくことが懸念されます。水災害により、私たちの先代が重ねてきた発展のための努力の成果が、わずか数日で、場合によっては数時間で消し飛んでしまいます。こうした地球規模で発生する自然の脅威に対抗するため、国際社会は結束して対処していく必要があります。

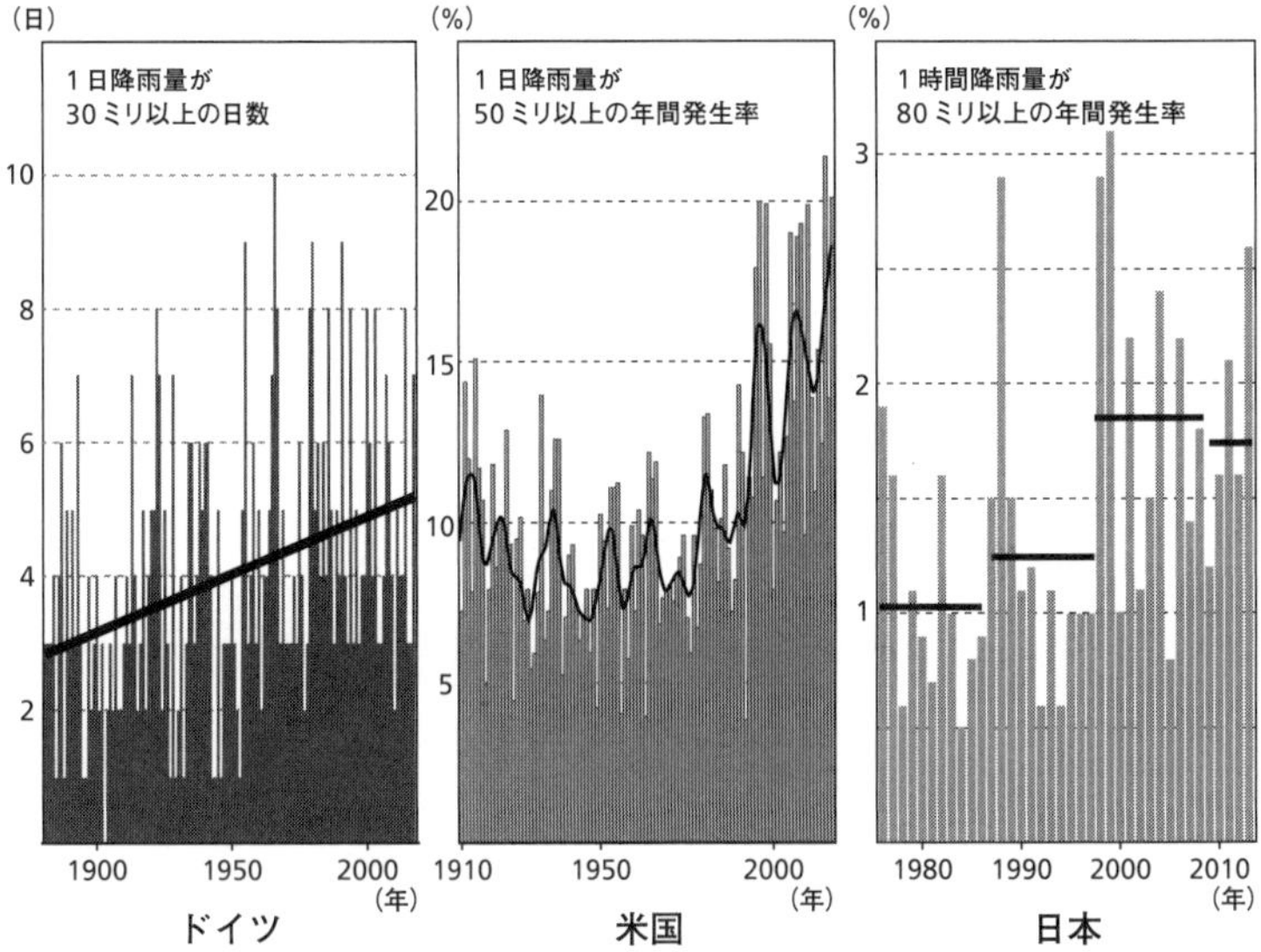

図1-6　ドイツ、米国、日本における豪雨頻度の経年変化

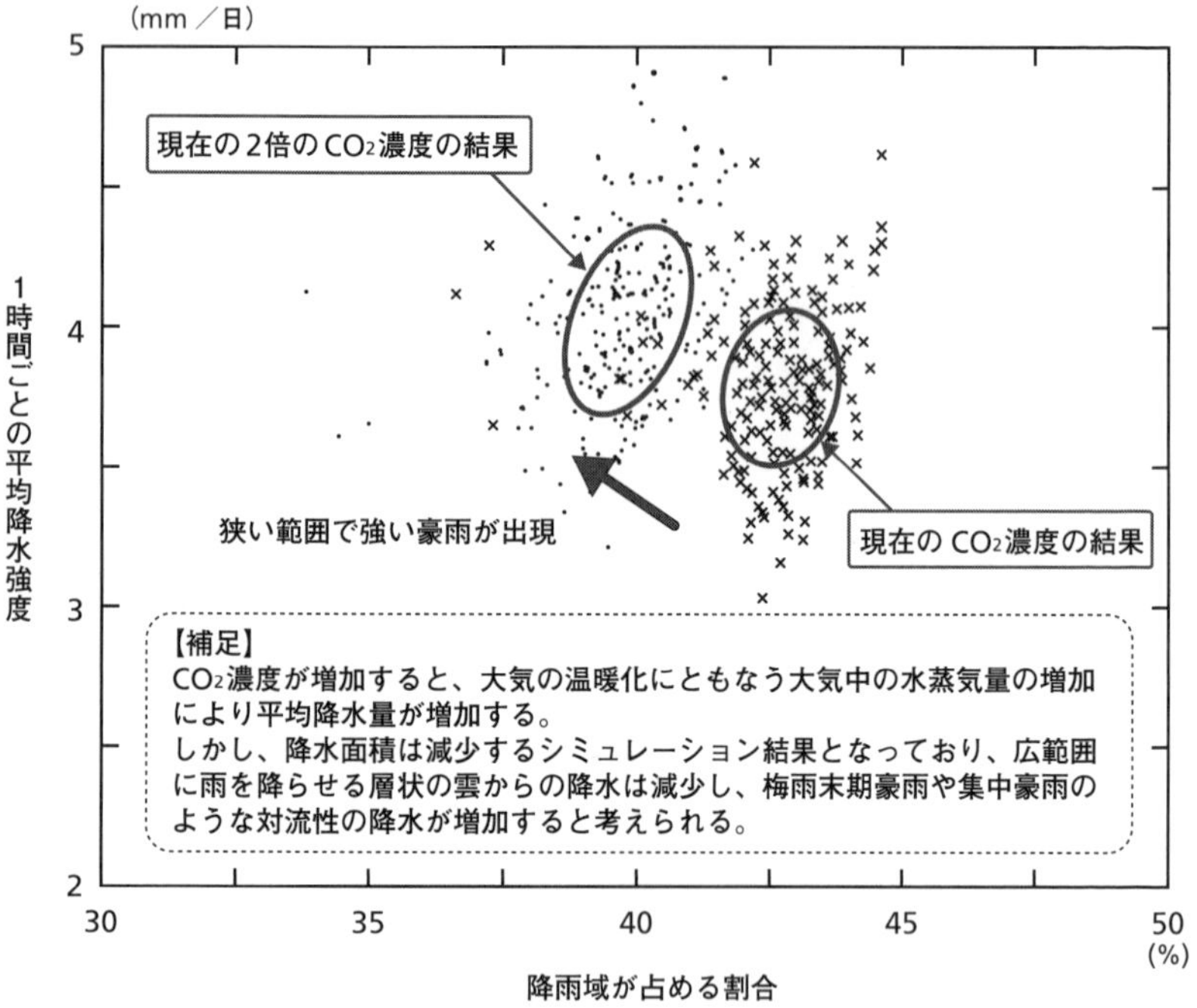

図 1-7　二酸化炭素の濃度の増加と地球規模での降雨強度の変化

国連持続可能な開発目標すべての達成に向けて

平成二七年（二〇一五）に国連では、「持続可能な開発のための2030アジェンダ」が採択されました。水は第六目標として独立して掲げられるとともに、水災害の問題も「ターゲット11・5」に盛り込まれています。この中で水は、貧困や、教育、ジェンダーの問題などの主要な開発目標に関連した横断的課題ととらえられています。しかし、水に関する目標やターゲットが解決されたとしても、こうした主要な課題が自動的に解決されるわけではありません。むしろ私たちは、水とこうしたさまざまな課題の因果関係を丹念に読み解き、横断的に物事をとらえ、すべての課題に関わる人々と協力することで、包括的な解決を目指す必要があります。このためには、水に関わる人々は、ジェンダー、教育、難民、移民、貧困などの主要な問題に取り組む人たちとの対話を積極的に行っていく必要があります。

水はまた、地域の人々が穏やかに安心して暮らすためになくてはならないものです。水害や干ばつ、地域の不安定化などによって最も大きく影響を受けるのは、女性や子供、お年寄りや障害のある人たちなど、いわゆる社会的に弱い立場にある人々です。国際社会は、いかなる緊急事態にあっても、水や衛生が持続的に確保されることを重視していく必要があります。

水は、多くの場面で、地域の安定と協力を促す有効な手段として機能してきたという歴史があります。これは先人たちのたゆまぬ努力と工夫によって成し遂げられてきました。私たちもその歴史の経験から学び、水問題解決に向けた具体的な行動を起こすことが求められているといえましょう。

平成三〇年（二〇一八）七月には、国連ハイレベル政治フォーラム（ＨＬＰＦ）で水についての集中議論が行われます。この第八回世界水フォーラムが、国際社会が直面する主要な、そして、差し迫った諸課題の包括的解決に向けて、議論を深め、行動を起こしていくきっかけになることを期待しています。

最後に、私の心からの希望を表明して、この基調講演を終えたいと思います。二一世紀は水の世紀であるといわれていますが、その言葉を一歩進めて、二一世紀は水による平和と繁栄、そして幸福の世紀であったと後世の人々に呼ばれることとなるよう願っています。引き続き、私も強い関心を持って見守っていきたいと思います。

第二章

京都と地方を結ぶ水の道

――古代・中世の琵琶湖・淀川水運を中心として

本章は、平成一五年（二〇〇三）三月一六日に京都府京都市の国立京都国際会館で開催された「第三回世界水フォーラム」の開会式における記念講演を収録したものである。

日本における水運の要・京都

本日は、今私たちがおります京都の町と水運との関係を、主に京都が都になった八世紀末から一五世紀あたりまでを視野に入れてお話ししていこうと思います。

京都が都になる以前には、都は京都の南に位置する奈良盆地にありました。大仏で有名な東大寺や世界遺産に登録されている法隆寺で知られるところです。京都が平安京として都になったのは延暦一三年（七九四）で、それ以降明治元年（一八六八）のいわゆる明治維新により東京に遷都するまで、千年余りの間、日本の都でありつづけました。

京都は内陸部の都市ですから、日本における水運の要だったといえば、不思議に思われるかもしれません。まず、京都の地理的な位置を、水運という観点から確認したいと思います。

京都の西には、隣接する大阪府を経て瀬戸内海が広がっています。瀬戸内海は、本州、四国、九州という日本列島を構成する島々に囲まれて、波も比較的穏やかで、製塩地、森林地帯、農産地がその後ろに控え、古来、物資流通の大動脈として機能してきました。現在の京都市には、大阪湾に注ぐ淀川の支流、桂川、鴨川、宇治川が流れており、京都と瀬戸内海とは、河川によって結びついているといえます。また、京都の東には、滋賀県の中央部に琵琶湖があります。琵琶湖は、南北に約六〇キロメートルあり、琵琶湖の北端から日本海へは直線で約二〇キロメートルほどです。琵琶湖の東には、古代から東日本へ通じる主要な街道が通っていました。

以上のことからも、京都が西は淀川を通じて瀬戸内海とつながり、西日本の各地と結びついており、東は琵琶湖を通じて日本海や東日本の地域へと、比較的アクセスしやすい地理的条件を備えていることがおわかりいただけるでしょう。今回の水フォーラムでは、琵琶湖の水運、淀川の水運も議題の一つとうかがっていますが、京都という場所を考えるうえで、琵琶湖と淀川の水運が、大きな役割を果たしてきたことがご想像いただけると思います。

国家貢納物の輸送と琵琶湖水運

それでは、琵琶湖および淀川の水運についてもう少し細かく見ていきたいと思います。まず、琵琶湖についてですが、琵琶湖の面積は約六七〇平方キロメートルで、日本で一番大きな湖です。そのため、水上交通にも大きな役割を果たしていました。

京都が都になる以前、奈良が平城京として都であった時代から、中央の政府は、国家を維持する財源として、国内の各地域から国家貢納物を徴収していました。国家貢納物の種類は、大雑把にいって、日本海側や西日本の地域からは米などの重い貨物が多かったのに対し、東日本の太平洋側は絹や真綿といった軽い貨物が多いのが特徴です。これは、日本海や瀬戸内海が航海に適していたこと、さらに琵琶湖の水運が利用できたことがあげられますが、一方、東日本の太平洋側は波も荒く、航海に適さず、物資は陸上輸送されたためといわれています。都が京都に遷った後、一〇世紀の初めに『延喜式《えんぎしき》』という法令集が編纂されました。そこには、当時の国家貢納物の輸送の詳細、つまり都に集まってくる貢納物の内容や運賃、さらには輸送ルートまで、明確に規定されています。

『延喜式』（巻二六、主税上）によりますと、若狭（琵琶湖の北西、現在の福井県西部）以外の北陸地方の各国の貢納物は、海路の場合にはそれぞれの国の港から越前の敦賀（現在の敦賀市）へ輸送され、そこから琵琶湖の北岸の町である塩津《しおつ》へ陸送され、琵琶湖の水運を利用して大津へ運ばれ、後は陸路で京都へと運ばれておりました。塩津と大津の間は、航路にして約六〇キロメートルあります。ちなみに、若狭国からの貢納物は、陸路琵琶湖の西岸の勝野津《かちののつ》へ輸送され、そこから琵琶湖水運を利用して大津へ回漕されています（図2－1）。さらに、東日本から運ばれる貢納物は、主として「東山道」という東日本の内部を貫く主要な街道を通り、琵琶湖の東の朝妻《あさづま》（現在の米原市）に集められ、そこから大津へ回漕されたものと思われます。

このように見てくると、琵琶湖においては大津が物資の集散地として重要な役割を果たしていたように見えます。ちなみに、大津は、平安京をつくった桓武天皇の曾祖父にあたる天智天皇が、天智天皇六年（六六七）に大津京として都と定めたところで、天武天皇元年（六七二）に大津京が廃絶してからは古い港を意味する「古津《ふるつ》」と地名を変えていましたが、京都が都となったことで、いわばその外港の役割を果たすことになり、再び大津と改称されました。

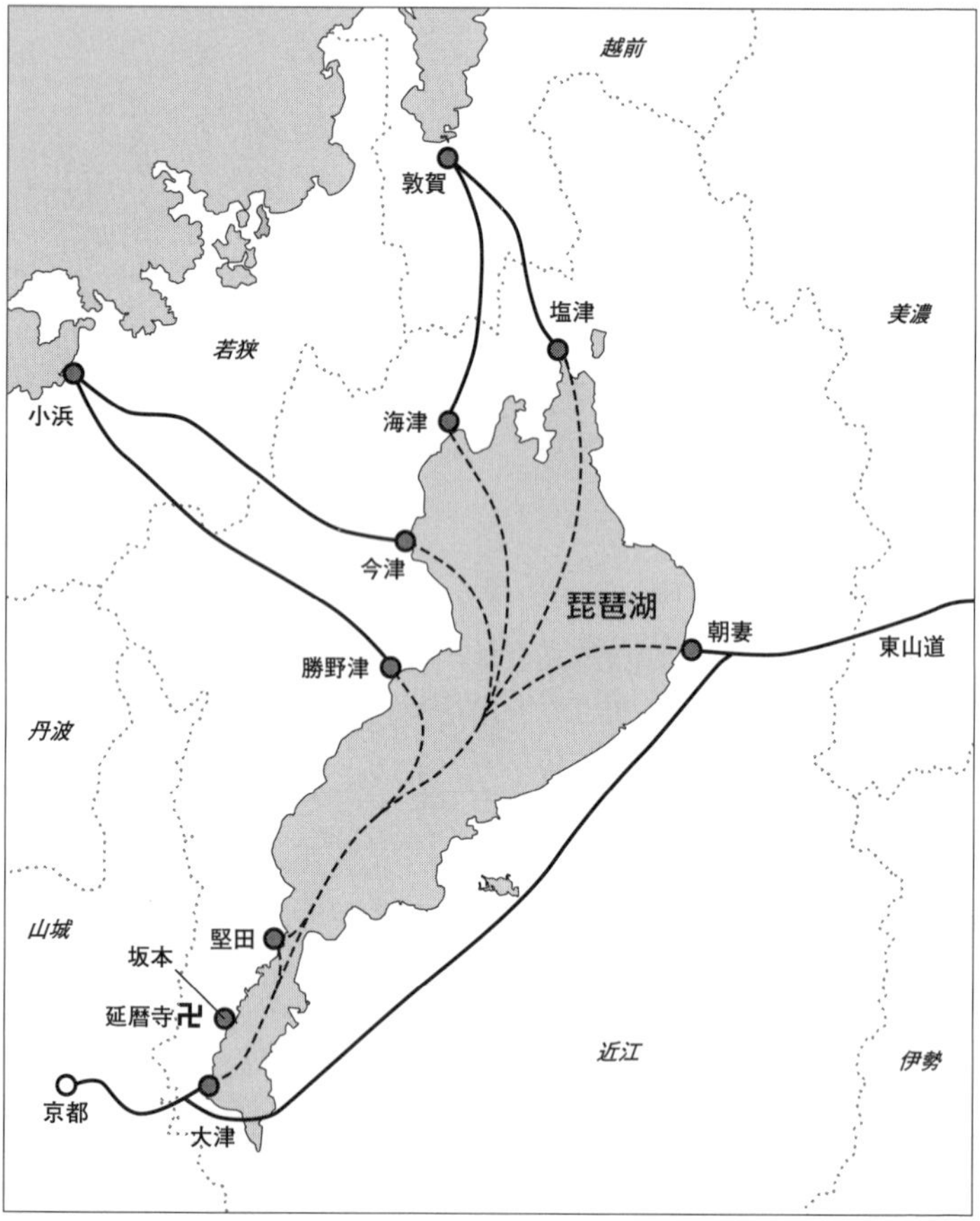

図 2-1　琵琶湖の水運。図中に示した経路のうち、『延喜式』(10 世紀初めに編纂)に記載されているものは下の 2 つである。

①北陸各国 $\xrightarrow{\text{(海路)}}$ 敦賀 $\xrightarrow{\text{(陸路)}}$ 塩津 $\xrightarrow{\text{(水運)}}$ 大津　②若狭国 $\xrightarrow{\text{(陸路)}}$ 勝野津 $\xrightarrow{\text{(水運)}}$ 大津

「堅田」は、中世になって特に栄えた港町であり、『延喜式』の時代に「塩津」「勝野津」から「大津」へ向かった船は「堅田」を経由していなかったものと思われる。

荘園年貢輸送と琵琶湖水運

『延喜式』が編纂された一〇世紀以降、それまでは国の所有であった土地を、有力な社寺や貴族が私的に領有するようになり、荘園制度が発展してきます。荘園制度のもとでは京都在住の貴族や有力社寺が、日本各地に領有している荘園から、財源としての年貢を徴収するようになりました。荘園年貢は、米が主体でしたが、ところによっては、塩、絹、綿、鉄などもあり、年に一回の割合で送られていました。大雑把に申しますと、輸送物資は国家貢納物から荘園年貢へと転換していったわけです。

日本海側の越後、越中、能登、加賀、越前（現在の新潟県、富山県、石川県、福井県）からの荘園年貢は、海路敦賀または小浜へ運ばれ、そこから琵琶湖の北の塩津や海津・今津などの港に陸送され、琵琶湖を船で大津・坂本（現在の大津市内）に着け、さらに馬や車で京都に運んだといわれています。なお、当時の車は、牛や人が牽いていました（日本に馬車が導入されるのは都が東京に遷る一九世紀半ば過ぎになってからです）。

例えば、京都の東寺が領有していた若狭国太良荘《たらのしょう》（現在の小浜市内）からの年貢は米でしたが、太良荘から陸路で琵琶湖の北西の今津に送られた後、琵琶湖水運を利用して大津へ運ばれ、再び陸路で東寺へと納められました。

また、比叡山にある延暦寺は八世紀末に開かれた天台宗の寺院ですが、全国に多くの荘園を持っていました。そのお膝元の坂本は、延暦寺領の荘園年貢が集まる場所として賑わいました（図2－1参照）。

水路関と琵琶湖

このように琵琶湖の水運が活発になってくると、航行する船から、通行料として関料《せきりょう》を徴収する目的で、税関にあたる関所がつくられるようになりました。関所の多くは延暦寺が領有し、徴収された関料は延暦寺の建物の造営費などに充てられました。ちなみに、一五世紀には、延暦寺の領有する関所が琵琶湖の沿岸に一一か所存在したといい、徴収される関料は、積み荷に対し、おおよそ一〇〇分の一であったといいます。

また、ここも今は大津市内になっていますが、堅田《かたた》と呼ばれる地域は、琵琶湖のもっとも狭くなっている場所に位置し、一一世紀頃から船の渡し場となるなど、古代末期より交通の要衝でした。この堅田では、「堅田衆」と呼ばれ、琵琶湖を航行する船の安全を保証する見返りに、警護料を徴収しているような人々も存在しました。堅田衆は琵琶湖の水上交通における大きな特権を持っていたのです。

ヨーロッパなどですと、周囲に水を廻らした中世の環濠《かんごう》都市が今でも残っていますが、中世の堅田も、琵琶湖の水を引き込んだ環濠都市的な景観を有していたといわれます。

日本の河川の特色

次に、淀川の水運についてお話しします。京都から目を西に向けますと、淀川は京都と瀬戸内海を結ぶ重要な役割を果たしています。

具体的な話の前に、ここで少し、水運との関係から日本の河川の特色を示すために、世界と日本の主要河川の河状係数《かじょうけいすう》を比較してみましょう。

河状係数というのは、河川の流量が最大になる時と最小になる時との比率を示す数値で、これにより、河川の流れが、どれくらい安定しているかがわかります。係数が小さいほど年間を通しての流量が一定していることになります。外国の河川は、例えば、ケルン市で測定したライン川の河状係数は一六、ロンドン郊外のテディントンで測定したテムズ川の河状係数は八で、ほかの主要河川も概ね三五以下です。それに対して、日本の河川は、河状係数が高くなっています。今日お話しする淀川も大阪府の枚方市で測定した数値は一〇四です。これにより、いかに日本の河川の年間の流量の変化が大きいかがわかりますが、このことは日本の河川には氾濫原としての河川敷があるのに対し、ヨーロッパの川などにはあまり見られないことにもあらわれています。そして、この河川の水量の変化は、水運にも必ずしもよい条件ではないことがご理解いただけるかと思います。

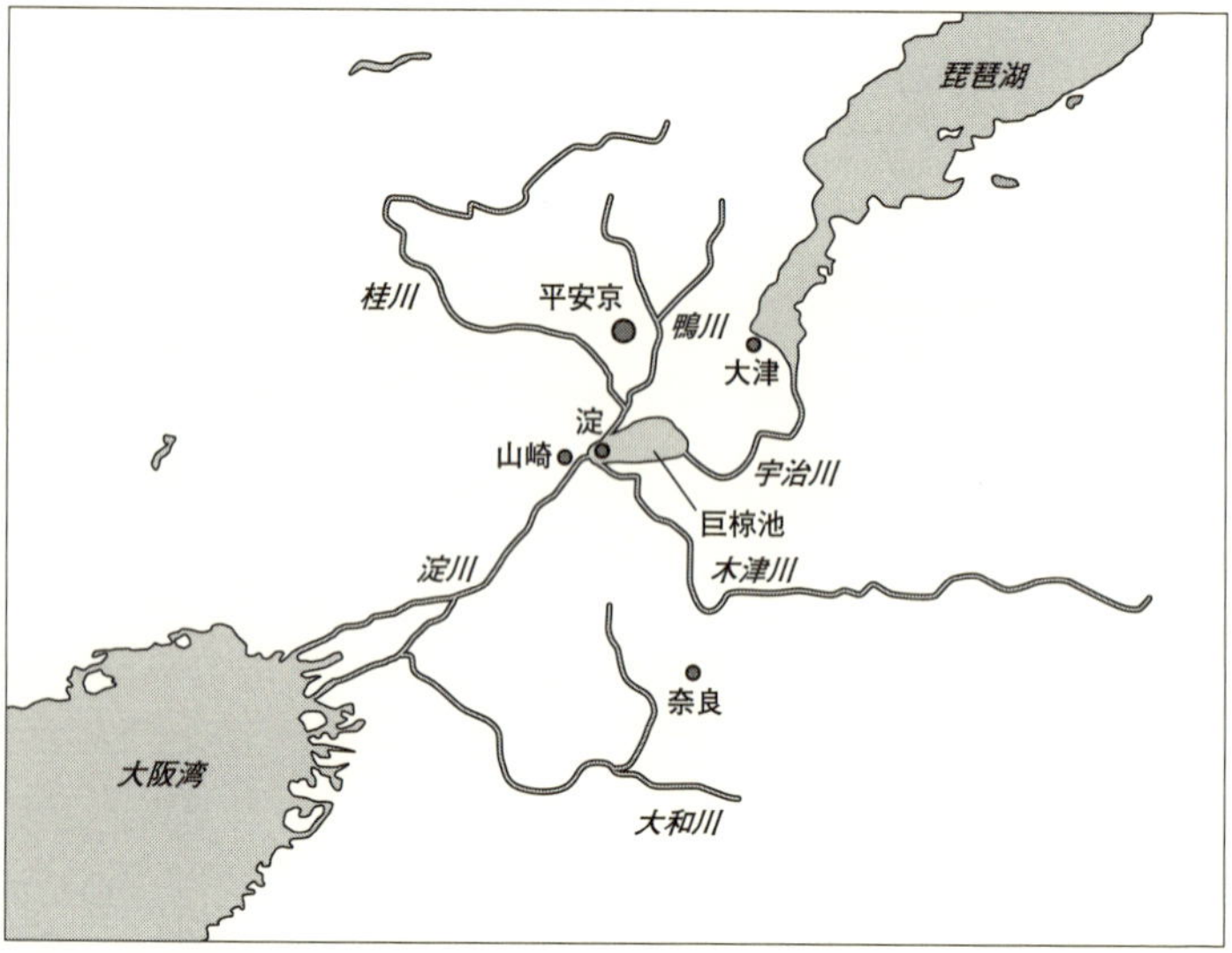

図 2-2　淀川流域

国家貢納物の輸送と淀川水運

しかしながら、淀川は古来、航行可能な河川として、人あるいは物の流通に大きな役割を果たしてきました。平安京の頃の淀川流域を示した図2－2をご覧ください。まず、国家貢納物の輸送は、先ほどもご紹介した『延喜式』によりますと、西日本の各地からは、瀬戸内海を航行し、淀川を遡って、現在の京都市伏見区にあります淀の付近で陸揚げされていました。この淀は現在の淀川の起点にあたり、桂川、琵琶湖を源流とする宇治川、木津川が合流する地点に位置しております。地図をご覧いただければおわかりのように、この三つの川の合流点には、今はありませんが、巨椋池《おぐらいけ》という大きな池がありました。淀はその中州にあり、平安京の外港としての役割を果たしていました。中州には通常、渡し船で行き来していたようです。

淀に集められた国家貢納物は、さらに陸路、馬や車などを利用して平安京にある大蔵省の倉に納められました。淀に近い山崎も、淀と並んで物資の集積地となっていました。琵琶湖の大津、淀川の淀・山崎が平安京の外港となっていたといえます。この点に関していえば、当時、公定米価を決めるのにあたって、この大津・淀・山崎の米価が参照されていたといわれ、これらの場所は、米の集積地であったのみならず、都や国家の経済に直結する米の取り引きが行われる場でもあったと考えられます。

荘園年貢輸送・旅と淀川水運

また、時代が下って荘園が発達してきますと、淀は荘園年貢が陸揚げされる重要な港となります。例えば、瀬戸内海に浮かぶ弓削島《ゆげしま》（愛媛県上島町）という島には、京都の東寺が領有する荘園があり、塩を年貢に出していましたが、その年貢の塩は、瀬戸内海から淀川を遡り、淀で陸揚げされた後、東寺へ陸送されていました。また、淀には一三世紀頃から塩と魚介のみを取り扱う卸売り市場ができ、ここでは、淀川を遡ってそれら商売用の塩や塩引きの魚介類を積んできた船を、強制的に着岸させていました。ちなみに、淀川の河口から淀まで船で遡るのには丸一日かかったといいます。

ここまでは淀川を遡ってくる年貢や商品についてお話ししましたが、淀川は人々の往来にも利用されました。例えば、平安時代以降、紀伊半島の南に位置する熊野や高野山が人々の巡礼の場所となります。この巡礼には、淀や山崎などから船で淀川を下って海に出て、船を乗りかえて海路で最寄りの港まで行きました。当時の記録を見てみますと、淀川の水量が少ない時期には、浅瀬を掘り、水路に標識を立てたり、ことに航行が難しい場所では、葦を束ねたり小さい木を積んで、堰《せき》をつくって川の流れを移すなどの工夫をしていたことがわかります。

なお、船が航行する場合、下流に向かう場合は問題がありませんが、遡る場合は、人が集団で綱で曳いたことが記録に残っています。中世のヨーロッパですと、川を航行する船は綱を付けて馬で曳き、そのためのトーイング・パスと呼ばれる道も川の両側に整備されていたようですが、中世の日本では、私の知る限り、馬や牛で川船を曳いた例は見あたりません。

また、一五世紀半ばに、淀川下流域を航行する帆かけ船を描いた指図があることから、淀川において、風力も推進力として利用されていたことがわかります。

水路関と淀川

ところで、琵琶湖の水運のところでも述べましたが、淀川においても、交通量の増大にともなって川岸に関所が設置されていきます。

琵琶湖では、多くの関所が延暦寺の造営費を捻出する目的でつくられたこともお話ししましたが、淀川では、京都に住む公家や奈良の寺社により、一五世紀末には四〇〇近い関所が設けられていたといいます。淀川の長さは、河口まで約四〇キロメートルともいわれていますので、その間に四〇〇の関所とは相当の数ではないでしょうか。ただし、すべての船が四〇〇近い関所に逐一立ち寄って関料を払ったとは考えにくく、船の積み荷などによって立ち寄るべき関所が決まっていたとも考えられています。

こういった関所の濫設は、当時の交通の大きな阻害要因となっていました。その動きに対して、時の政治権力を握っていた室町幕府は、関所の数を減らそうと努力をしましたし、また輸送業者の中には、関所に対して破壊行為を行う者もいました。しかし、関所がすべて撤廃されるのには、一六世紀末の豊臣秀吉の出現による天下統一を待たなければなりませんでした。

水上交通を見直す

以上、京都を中心とした琵琶湖・淀川の水運について、平安京ができた八世紀末から一五世紀頃までの様子を概観してきました。京都という町が、東は琵琶湖を通じて日本海地域や東日本と結びつき、西は淀川を通じて瀬戸内海や西日本と結びついていたことが、ある程度おわかりいただけたかと思います。

陸上交通が発達した現代では、湖上の交通、あるいは、河川の交通は、ともすれば忘れられがちなものとなっているかもしれません。しかし、水路は、物資や人を大量に、しかも安価に運べる最良の手段だったのでしょう。また、私自身、イギリスのオックスフォード大学へ留学していた間に、テムズ川の船旅を何回か経験したことから、川に対して親しみを覚えています。川から眺める景色は、陸上からのそれとはまた違った広がりを持つよいものです。日本でも、人々が水に親しみ、水上交通が改めて見直されることを願うとともに、日本に限らず、世界の川や湖がその美しさを今後も保っていかれることを願って、私の話を終わらせていただきます。

第三章

中世における瀬戸内海水運について

――兵庫の港を中心に

本章は、平成一七年（二〇〇五）二月一〇日に東京都千代田区の霞が関ビルディングの霞会館で開催された「第一五〇回学習院桜友会月例会」における講演を収録したものである。

海上交通の視点

本日は、私にこのような機会をお与えいただき、まことにありがとうございます。私は大学入学以来、交通史――とりわけ人と人とを結び付ける「道」に関心がありまして、今日まで日本中世の交通、およびオックスフォード大学留学中には、一七〜一八世紀におけるテムズ川の水上交通の問題について研究してまいりました。

私が、道というものに興味を持つようになったきっかけは、私が住んでおります赤坂御用地の中に、鎌倉時代の道が通っていたということを小学生の時に知ったからです。今回の講演会場である霞が関ビルディングの竣工は、昭和四三年（一九六八）ですので、私の道との出合いは、その少し後のように思います。道への関心は、小学生の高学年の折に母とともに読破しました松尾芭蕉の『奥の細道』でさらに深められ、大学の卒業論文では、古来、水上の道として重要な役割を果たしてきた瀬戸内海の海上交通史をまとめることになりました。

そこで本日は、私の限られた知識ではありますが、兵庫の港を中心に、今まで研究してきた中世の瀬戸内海の海上交通についてお話ししてみたいと思います。交通という観点から瀬戸内海地域を眺めてみます。

申すまでもなく瀬戸内海は、日本の西部に位置しておりまして、本州、四国、九州という日本列島を形成する島々に囲まれて穏やかな水域を形成し、製塩地、森林地帯、農産地をそのヒンターランド（後背地）として持ち、長く都が置かれた京都をはじめとする高度に都市化した地域に接していたことから、古来、物資流通の大動脈として機能してまいりました。

それでは交通史の中でも、なぜ私が中世の瀬戸内海の交通を研究してみようと思うようになったか、その点についてお話ししましょう。

「兵庫北関入船納帳」との出合い

それは、ある史料との出合いがきっかけでした。その史料とは、昭和三九年（一九六四）に、当時立命館大学の教授であった林屋辰三郎氏が京都市内の古本屋で偶然発見されたもので、たまたま私は、林屋氏からまもなく活字になるということを、卒業論文の準備段階でうかがいました。大学であれこれ史料を見るにつけ、中世の海上交通が交通史の研究分野では未開拓であると感じており、水上交通を研究するのであれば瀬戸内海を対象地域として取り上げようと思っておりましたので、その刊行は、私の研究にとりまして実に有益なものでした。

その史料こそ「兵庫北関入船納帳《ひょうごきたせきいりふねのうちょう》」であります。これは、奈良の大仏で有名な東大寺が、荘園領主として、現在の神戸港にあたる兵庫の港に兵庫北関という関所をつくって、兵庫港に入港する船から積み荷の一％にあたる関銭《せきせん》（入港料として支払う銭）を徴収して、それを東大寺の建物の造営費などに充てることを許されていたのですが、この史料はそれに際しての帳簿です。今日の貿易風にいうと、税関に納められた関税（税金）の納税台帳のようなものでしょうか。具体的には、室町時代の文安二年（一四四五）三月三日から翌年の正月一〇日にかけての一一か月の間に兵庫北関に入ってきた船舶からの徴税台帳ということになります。これに、別本として東京大学文学部に伝来している同年の正月二日から二月九日分を合わせますと、文安二年正月から翌三年の正月にかけての一年余りの瀬戸内海の物資流通形態が読み取れます。入港船の総数はもとより、瀬戸内海沿岸のどの港から、誰の手によって、どんな種類の物資がどのくらい兵庫の関所に入ったか、また、それにどのくらいの関銭が掛けられたか、そして関銭の徴収担当者が誰であったかが、一年間を通し克明に記載されており、一四世紀中ごろの現在の北ドイツの都市リューベック港での輸出入関税記録と並んで世界史的にも貴重な記録と評価されております。後に林屋氏は、自ら発見した史料と東大文学部所蔵の史料を合わせて、昭和五六年（一九八一）に中央公論美術出版から『兵庫北関入船納帳』と題して出版されました（以下、「入船納帳」と呼びます）。ちなみに、兵庫北関の所在地は、現在の神戸市兵庫区和田岬付近と推定されております。奈良時代天平年間に行基《ぎょうき》がつくったと伝えられる大輪田泊《おおわだのとまり》や、今年（平成一七年［二〇〇五］）のNHKの大河ドラマ「義経」でもおなじみの平清盛が都を遷した福原もこの近辺と思われ、古来、港として重要な役割を果たしてきた地域です。この地域を襲った阪神・淡路大震災から一〇年目にあたる本年、被災された皆さんの復興へのご苦労にあらためて思いをいたしたいと思います。

では、実際に「入船納帳」を読んでみましょう。図3−1はその活字本からの転載で、これは、文安二年の一〇月三日から五日の部分です。

一段目には地名が記載されていますが、これは、兵庫北関に入港した船舶の船籍地です。船舶の所属地といってもいいかもしれません。宇多津《うたづ》は現在の香川県丸亀市と坂出市のほぼ中間に位置する町ですし、下津井《しもつい》は岡山県の児島半島の先端、瀬戸大橋の起点となっている町です。そして下津井の次に地下《ぢげ》と読める地名が出ておりますが、これは地元の兵庫を意味いたします。そしてこの兵庫船籍の船の入港回数が「入船納帳」では一番多く記録されております。二段目には積載品目と数量が記載されています。品目名として備後とか小嶋《おじま》といった地名が記されたものは、その地域で生産される塩を意味します。三段目は船から徴収された関銭の額で、その脇に書かれている日にちは東大寺への関銭の納入日です。四段目は船主で、これには実際に船を操船する船頭を兼ねた者も含まれていると思われます。五段目は関銭の徴収を担当し、輸送されてきた物資の販売などを手がけた問丸《といまる》と呼ばれた人々の名称です。この問丸については後で少し詳しく触れたいと思います。

この史料の読みとしては、一行目を例にとりますと、宇多津に船籍を置く船により、備後塩一〇〇石が船主である孫左衛門によって運ばれ、五四五文の関銭が問丸法徳を介して一〇月一

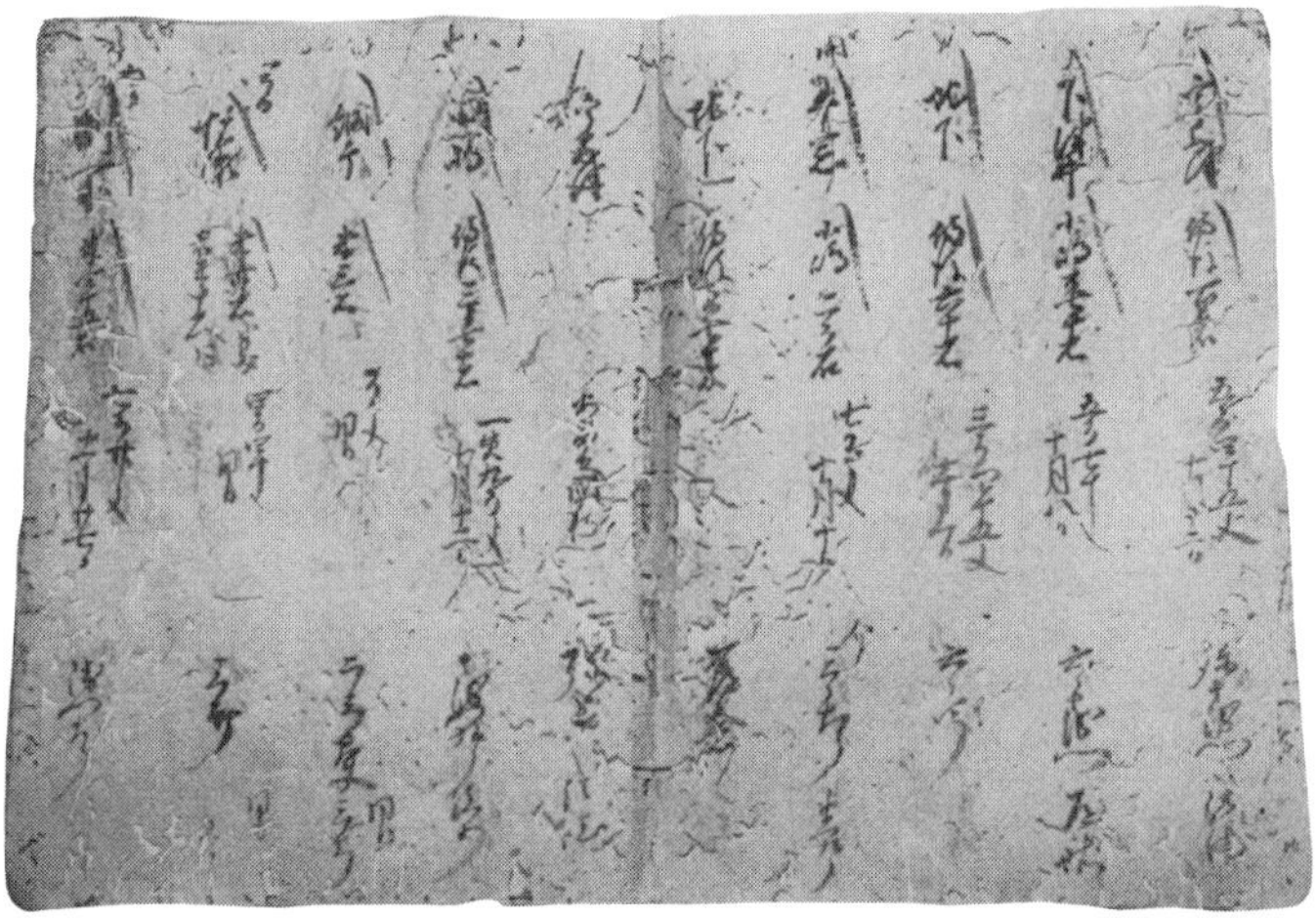

宇多津	備後百石	五百四十五文	十月十二日	孫左衛門	法徳	
下津井	小嶋百七十石	五百七十文	十月八日	六郎左衛門	道祐	
地下	備後六十石	三百四十五文	十一月一日	六郎四郎		
関 牛窓	小嶋二百石	七百文	十月十日	介 三郎太郎	衛門九郎	
地下	備後百七十石			道念		
宇多津		安富殿国料		弾上（正）	法徳	
田嶋	備後三百七十石	一貫九百文	十月十二日	左衛門九郎	孫五郎	
網干	米三石	百文	同日	二郎三郎大夫	同日 三郎太郎	
杭瀬	米卅石 半双 赤米十石 同	四百四十文	同日	三郎	同日 、、	四日
別所	米四十五石	七百廿文	十一月廿七日	衛門太郎		五日

図 3-1 『兵庫北関入船納帳』（部分）

二日に東大寺側に納められた、ということになります。

三大物資は塩、米、木材

「入船納帳」によりますと、兵庫北関への一年間の入港隻数は延べ一九六〇、それらの船籍は瀬戸内海沿岸を中心に、摂津、播磨、備前、備中、備後、安芸、周防、長門、淡路、讃岐、伊予、阿波、土佐、豊前の各地にわたっており、一〇七か所におよびます。商品別に入港物資量を見てみますと、塩が最大で一〇万六〇〇〇石余り、米が二万四〇〇〇石余り、木材が三万七〇〇〇石余りと、数量のうえでは三大物資になります。

一瞥して、「塩」が圧倒的に多いことがわかります。塩だけを運んでいる船と、ほかの物資とともに塩を運んでいる船を合わせると、一九六〇艘中、九一八艘に上り、全体の四六・八％とほぼ半数になります。ちなみに、史料に見る塩の総量は約一〇〇万人分の需要を満たすことになります。このことは、当時の瀬戸内海地方がいかに製塩業に適した場所であったか、また、当時、塩が食料保存のためにいかに多く使用されていたか、さらには、これらの膨大な物資を消費する市場としての京都およびその近郊の人口がいかに増大していたかを示しているでしょう。瀬戸内海地域が製塩に適している理由として、まず最初に潮の干満の差が大きいこと、二番目に晴天が多く降雨量が少ないこと、三番目として花崗岩質の地盤が塩をつくる塩浜に適していることなどがあげられます。なお、塩の流通が大規模に行われていた証拠として、「入船納帳」では、先ほどお話ししましたように、商品としては塩のみが備後、小嶋、三原、塩飽《しわく》などの生産地域の呼び名で呼ばれていることがあげられます。

次に「米」は二万四〇〇〇石余りであり、輸送量を季節的に見れば、三月、四月と一一月、一二月が多くなっています。米は、塩のように銘柄の記載がないため生産地の特定は不可能ですが、讃岐・豊前に船籍を持つ船で輸送されるケースが多いことから、四国・九州産の米が量的に多かったと思われます。九州が米の産地であったことは、年貢として圧倒的に米が多かったことからもうかがえます。注意したい点として端境期である八月は、飢饉のもっとも起こりやすい時で、米の輸送は少ないのですが、八月一三日（新暦では九月一四日）に、尼崎船籍の船が「新米五石」を積んで入港したことをわざわざ記録しており、新米の流通に強い関心が払われていることがうかがわれます。現在でも新米がいつ出るかは新聞に載りますが、この時代にはより切実な意味があったわけです。

なお、米に交じって「赤米《あかごめ》」と記載された米の輸送が見受けられます。赤米は東南アジア原産で中国の宋（九六〇－一二七九）の時代に日本に入ってきた模様です。あまり美味しくはないものの、収穫量が多く、虫の害や日照りにも強いとされ、西日本に急速に普及していったとされています。従来は、商品ルートには乗らなかったと考えられておりましたが、この「入船納帳」の発見により、数量は限られるものの、赤米も流通ルートに乗っていたことがわかります。生産地の特定は困難ですが、輸送船舶の船籍から見ると、讃岐が生産地の一つであったと思われます。日本では、お祝い事の食卓に小豆を入れた「赤飯」は欠かすことのできないものです。これは、かつて、日本で赤米を食べていた名残と聞きますが、このあたりのことは、どなたかご教示願えれば幸いです。

「木材」の輸送量も非常に多いのが特徴です。木材の輸送は、月別三〇〇〇から四〇〇〇石とコンスタントに行われています。当時は、木材の縦横一尺（約三〇センチメートル）、そして長さ一丈（一〇尺、約三メートル）、これを一石と呼んでいたようです。「入船納帳」では、淡路島船籍の船が多く輸送していますが、これは、四国東岸地域の木材と思われます。阿波南部から土佐の東部にかけての山間部は、高温多湿と適度の陽光のため、現在でも木材の生産に適した地域となっております。おそらく山間部で伐り出された木材は筏に組まれ川を下り、最寄りの港から搬出されたことでしょう。

それでは、何故これほど多くの木材が四国を中心とした地域から供給されたのでしょうか。一つは、一四世紀半ばの室町幕府の成立にともなう京都の人口増加があげられます。このことは先にあげた塩と米の輸送にも関係するのですが、京都の当時の人口について、正確なデータはないものの、一六世紀の半ばで五万から六万人と推測されています。京都は、従来は天皇や公家の住む政治都市でありましたが、一四世紀に入ると武家政権が鎌倉から京都に移り、また、守護も兵力を率い、在京を義務づけられていたことから、京都の人口は、急激に増大したわけです。二つ目の要因としては、京都近郊の木材資源の枯渇があげられます。それは、一四世紀の南北朝の内乱によるこの地の戦場化と、植林技術の乏しさに起因します。いわば環境問題が当時からあったということをうかがわせる興味深い事実だと思います。三つ目の要因は、「大《お》鋸《が》」と呼ばれる二人びきの鋸《のこぎり》の登場です。この鋸は南北朝期に中国から伝来したといわれており まして、これにより大量の木材の製材が可能になったわけです。

以上の三大流通物資以外では、麦、大豆などの穀類、燈明に用いる油の原料となる荏胡麻《えごま》、鉄などが見られます。さらに、壺、すなわち備前焼も年間一二一五個が備前の伊部《いんべ》・方上《かたのかみ》の船で運ばれております。面白いことには、備前焼の流通期間が六月から九月に集中しているのですが、これは、備前焼の生産が専業化しておらずに、農閑期に農民によって生産されていたことをうかがわせます。海産物では、なまこ、海老、鯛、いか、かに、あらめ、わかめ、鰯などがあります。中でも小鰯の流通量は多く、これが食用にされたのか、肥料にされたのかについては、今後の研究の待たれるところです。このほか、阿波の国から染料としての藍が、わずかですが輸送されていた事実の発見も貴重なものです。従来は、一六世紀半ば以降、商品として出回るようになったといわれていましたが、この史料の発見により、その時期は約一世紀遡ることとなりました。このように産業史のうえでも現在にいたる特産物がこの時期に定着してくる事実も見逃してはならないことです。

以上、兵庫北関へ入った船の積載物資について概観しました。

兵庫港の役割

次に、流通物資から兵庫の港に目を移してみましょう。これらの物資を取り扱ったのが兵庫北関の問丸です。「入船納帳」では、図3－1の最下段の人名が問丸となっています。彼らは兵庫北関へ入る船からの関銭の徴収を担当し、あわせてこれらの物資の保管や委託販売、輸送などを手広く行っていたと思われます。この問丸が発展し現在の問屋になるわけです。兵庫北関の問丸は五二名を数え、荷物の扱う量が多い有力な問丸は、独占的または優先的な集荷圏を持っていた模様です。例えば、北関の問丸として物資の取り扱い量が最大の道祐《どうゆう》は、備前国の下津井・備中国の連嶋《つらしま》・伊予国の弓削からの物資を独占的に扱っています。この弓削は現在の愛媛県弓削島です。取り扱い量が次に多い木屋《きや》は淡路国の由良を、また、取り扱い量では問丸としては中規模なものの、道念《どうねん》は讃岐国の嶋（小豆島）を、それぞれ独占・優先的な集荷圏としていました（図3－2）。また、問丸の取り扱う物資については、規模の大きな問丸は多様性があるのに対して、中規模以下の問丸は塩や木材などを専門に扱うといったように、特定物資に集中する傾向にあります（図3－3）。

兵庫の港は、室町幕府が行った対中国貿易の拠点でもありました。遣明船として知られる船は、明と日本との間に正式な通交関係が開かれた応永八年（一四〇一）以降、天文一六年（一五四七）までの約一五〇年の間に一七回ほど派遣されています。船はかなり大きく、一〇〇〇

国名	船籍地	入港船数	関係問丸（取り扱い率：%）
播磨	室	80	豊後屋（93）、道念（3）、三郎太郎（2）、法徳（2）
	網干	62	三郎太郎（87）、大夫四郎（6）、介三郎（5）、孫太郎（2）
	松江	50	木屋（86）、風呂屋三郎太郎（6）、道永（2）、二郎三郎（2）
	中庄	20	孫太郎（90）、あわや（5）、道祐（5）
備前	牛窓	133	衛門九郎（88）、衛門四郎（2）、左衛門九郎（2）、二郎（1）
	下津井	33	道祐（100）
	伊部	23	二郎三郎（70）、南二郎三郎（9）
備中	連嶋	45	道祐（100）
備後	尾道	62	孫太郎（28）、南孫太郎（11）、大夫三郎（15）、二郎三郎（13）、次郎三郎（2）、北二郎三郎（2）、衛門四郎（10）、法徳（8）、大夫二郎（3）
安芸	瀬戸田	68	衛門四郎（78）、孫太郎（18）、道観（2）、道祐（2）
淡路	由良	116	木屋（99）
	三原	64	道祐（80）、木屋（19）
讃岐	宇多津	45	法徳（93）
	塩飽	37	道祐（65）、衛門九郎（22）、三郎二郎（14）
	嶋	21	道念（100）
	引田	21	衛門太郎（86）、衛門五郎（5）
伊予	弓削	26	道祐（100）
阿波	海部	56	二郎三郎（79）、藤二郎（13）、北次郎三郎（4）、次郎三郎（2）
	平嶋	21	衛門太郎（67）、衛門四郎（14）
土佐	甲浦	26	二郎三郎（73）、藤二郎（15）、木屋（12）

図 3-2　主要船籍地と問丸の関係（文安二年［1445］）

問　丸　名		船数（艘）	塩（石）	米（石）	木材（石メ）	その他（石）
(1)	あわや	1	50	0	0	0
(2)	衛門	1	10	18	0	0
(3)	衛門太郎	55	1,236	728	2,045	68
(4)	ツジ衛門太郎	1	30	40	0	0
(5)	衛太郎	1	130	0	0	0
(6)	衛門二郎	7	55	65	0	7
(7)	衛門三郎	1	0	48	0	0
(8)	衛門四郎	85	16,933	425	100	549
(9)	衛門五郎	1	75	0	0	0
(10)	衛門九郎	160	15,627	2,950	610	2,028
(11)	木屋	206	3,807	613	16,230	195
(12)	五郎太郎	10	1,370	0	0	12
(13)	嶋上五郎太郎	1	45	0	0	0
(14)	左衛門四郎	1	0	0	0	20
(15)	左衛門九郎	2	105	0	0	0
(16)	三郎	2	10	50	0	2
(17)	三郎大夫	1	0	150	0	0
(18)	三郎太郎	64	937	639	0	291
(19)	風呂屋三郎太郎	3	0	168	0	0
(20)	三郎二郎	5	260	20	0	51
(21)	四郎三郎	2	0	450	0	0
(22)	二郎	1	0	0	0	61
(23)	次郎	1	0	0	120	0
(24)	二郎太郎	1	0	0	0	–
(25)	二郎三郎	137	4,495	234	13,030	703
(26)	北二郎三郎	5	730	0	240	0
(27)	南二郎三郎	3	0	0	0	40
(28)	次郎三郎	1	265	0	0	0
(29)	北次郎三郎	3	0	0	680	0
(30)	正津	2	0	13	0	–
(31)	介三郎	3	0	130	0	20
(32)	世善	5	150	1,420	0	130
(33)	大夫二郎	2	230	0	35	0
(34)	大夫三郎	27	3,970	705	0	560
(35)	南大夫三郎	1	0	0	70	0
(36)	大夫四郎	5	180	0	0	25
(37)	道永	1	16	0	0	0
(38)	道観	17	1,320	277	70	124
(39)	道幸	1	100	0	0	280
(40)	道貞	2	15	3	0	5
(41)	道念	26	4,857	93	60	240
(42)	道祐	264	24,701	10,365	365	5,948
(43)	藤二郎	24	0	13	3,040	0
(44)	兵衛太郎	6	205	1,560	0	–
(45)	豊後屋	88	157	422	85	301
(46)	法徳	52	4,935	43	15	662
(47)	孫太郎	92	7,267	1,830	50	1,274
(48)	南孫太郎	8	805	315	0	100
(49)	孫二郎	1	350	0	0	0
(50)	孫四郎	1	0	0	0	–
(51)	孫五郎	14	3,770	90	0	80
(52)	孫九郎	1	230	0	0	0
（問丸名不詳分）		34	1,231	1,003	360	461
合　計		1,439	100,659	24,880	37,205	14,237

図3-3　兵庫北関問丸の取り扱い船数・物資量（文安２年［1445］、五十音順）

から二〇〇〇石積みのものもあった模様です。ちなみに、当時の一〇〇〇石は今日でいう約一五〇トンと考えていただければ結構です。これらの船では、日本から明へは銅・硫黄・太刀・扇などを積み出し、明からは生糸・羅紗《らしゃ》・陶磁器・虎や熊の皮などが日本にもたらされました。また、この貿易の結果、日本には大量の明の銭が入り、これが国内で流通しました。遣明船の航路は、兵庫から瀬戸内海を経て博多にいたり、そこから五島列島に出て季節風を待ち、一気に東シナ海を横断して中国の寧波《ニンポー》付近に着岸したといいます。このことからも、当時の兵庫の港が、国内交通にも海外との交渉にも重要な役割を持っていたことがわかります。

このように、兵庫の港は、ほぼ一五世紀半ばまでは京都近郊の外港として、国内でも最大規模の港湾として繁栄しました。しかし、一五世紀半ばの京都を中心とした守護の間の争いである応仁の乱は、兵庫にも飛火し、この結果、兵庫が現在の大阪府の堺にとって代わられることとなりました。堺が発展し得たのは、そこを領有した細川氏が、瀬戸内海の広い地域にわたり領国を持っていたことにも関係がありましょう。堺は、その後、中国との勘合貿易の基地として、また、国内物資輸送の陸揚げ地として発展し、当時最大の港湾都市として、商人の自治により運営されていました。一六世紀に、ポルトガル人により日本にもたらされた鉄砲も、この堺が主要生産地となっていきます。しかし、堺の自由都市としての発展は、一六世紀後半の織田信長、豊臣秀吉により抑えられてしまいます。

海洋条件による船舶の大型化

次に輸送手段としての船舶について触れてみたいと思います。中世初期の船舶は楠、杉、檜などの大木をくり抜いてつくる準構造船と呼ばれるくり船形式の船が主でありましたが、一四世紀、一五世紀初頭には、部分部分をつないでつくり上げる構造船と呼ばれる、より大型の船舶もつくられるようになりました。

大きさについては、一五世紀半ばの「入船納帳」によれば、一〇〇〇石以上を積載した船も見受けられ、大型船舶も航行していたことがうかがえます。これらの船が帆船であったことはすでに知られております。中世の初期には、帆の部分は固定されていて順風時のみ航行可能でしたが、やがて一五世紀初頭以降には、帆を上下させたり、帆柱を起こしたり倒したりすることが自由になりました。帆は、一七世紀以前においては、草を編んだ物でしたが、それ以降は木綿帆が使用された模様です。なお、帆を使用したといいましても、中世の船は手漕ぎで進む場合も多く、船を漕ぐ船員も多く乗っていたようです。

船の大きさについて若干蛇足を加えますが、「入船納帳」を見ていますと、阿波国の船でも北部と南部では、船の大きさが著しく違います。北部は小型船が多いのに対し、南部は比較的大型の船が多いのです。この点は以前に徳島県に行き、船で実際に徳島市から海上を南下して行く過程でその理由がわかりました。すなわち、徳島県でも北部地域は紀伊水道に属し、海上の波もそれほど高くはないのに対し、南部は太平洋に出て、波も高い。この違いが船の大きさの違いとなってあらわれてくるのではないかと思いました。

ちなみに中世では船の遭難は多く、一例をあげますと、九州の福岡県にある宗像社は、鎌倉時代には、社に関連する一連の建物すべての修理が、付近の浜辺へ打ち上げられる遭難船の木材および没収した荷物の売却代金で賄われていたといいます。

海賊と輸送業者

最後に輸送業者と海賊の問題に触れたいと思います。輸送業者は、荘園制下においては荘園の領有者から給料としての給田《きゅうでん》をもらい、荘園年貢の輸送に従事していましたが、荘園制度の変質とともに商人的な色彩を帯びた輸送業者として成長していきます。

いろいろな史料を見ていきますと、輸送業者の呼称として、梶取《かじとり／かんどり》と呼ばれていたものが、南北朝期に船頭と変化をしていきますが、それは、今お話しした輸送業者の性格の転換期とほぼ同時期になっております。「入船納帳」を見る限り、輸送業者の詳細はわかりませんが、その土地の有力者が担っていたことも十分に考えられ、また輸送業者の間でも、大型船を持ち配下に輸送業者を抱える船主とそうでない船主とが確認でき、一定の階層分化が見られます。瀬戸内海を航行する輸送業者は、港に立ち寄る際には、関所に寄港し、関税である関銭を払うことを義務付けられていたものですから、関所の存在は輸送業者にとっては障壁でありました。これは瀬戸内海の例ではありませんが、大阪の淀川では、一五世紀半ばに淀川沿いに四〇〇ほどの関所があったといいます。淀川を通る船がこれらの関所すべてに関銭を払わねばならなかったということはないにしても、関所が交通の阻害要因であったことは確かでしょう。

それと並び、海賊の存在も輸送業者にとってはまさに脅威でした。ことに瀬戸内海は島が多く海賊の住処《すみか》としては絶好の場所であり、彼らの中には、中国や朝鮮半島沿岸部にまで行き、略奪をする者もありました。倭寇《わこう》といわれる集団です。こういった状況に対し、輸送業者は、迂回路を通るか、船団を組み航行するか、あるいは、夜間に航行するなどして対処するより方法はありませんでした。また、このような中にも海賊側と輸送業者側での妥協も見られました。すなわち、瀬戸内海では、室町時代には東から西に航行する船は東部地域の海賊を船に乗せておくと西の海賊はこれを襲わず、西から東に行く場合にはその逆で西の海賊を乗せておくと東の海賊はそれを襲わないという取り決めがあった模様です。そして彼らは警護料としての収益を得るのでした。

図3-4をご覧いただきたいと思います。これは、先ほど、問丸のところで触れた伊予国弓削島についての史料です。貞和五年というのは一三四九年で南北朝時代にあたります。弓削島には、京都の東寺が領有する荘園がありますが、この時期、対岸の安芸国を本拠とする小早川氏が濫妨狼藉《らんぼうろうぜき》を繰り返していました。海賊行為も行っていたと思われます。困った東寺は、小早川氏を排除するように室町幕府に願い出ました。それに応じた幕府は、使節（強制執行を担

当する武士）を派遣します。この史料は、この時に幕府の使節の受け入れを担当した弓削島現地の代官が、領主である東寺に提出した必要経費の報告書です。一つ書き（箇条書き）の第一六条目を見ますと、使節が強制執行を行ったものの、「敵方」である小早川氏が退散せずに抵抗したので、用心のために人数を集めて警護したことが記されています。その際に、兵糧や酒肴の費用が支出されているのですが、第一七条目を見ますと、野嶋《のしま》という人物に酒肴料が支払われていることがわかります。この野嶋は、村上水軍の一派である能島村上氏に関係があるものと思われます。野嶋はここでは「野」を書いていますけれども、今は「能」の字を使って呼ばれています。ここから、村上水軍に関係ある人物が警護にあたり、その報償として酒肴料を受け取った事実が見て取れます。もっとも、海賊といいましても組織化されていないものもいましたが、やがて、室町幕府の守護の配下に入り、新たに組織し直されていくこととなります。

以上、兵庫の港を中心として、瀬戸内海の海上交通の点描を試みてみました。私の専門としております海の道としての瀬戸内海は物資の流通という面からだけ見ても、人と人とを結ぶ重要な役割を果たしていたのではないでしょうか。そして、それは、私たちが想像する以上に、中世という一般に閉鎖的といわれている時代にあっても、活発でダイナミックなものがあったと思います。海外貿易の出発点もこの瀬戸内海でした。フランスの著名な歴史学者、フェルナン・ブローデルはその著書『地中海』で、地中海の歴史をひもときつつ、海は人と人とを隔

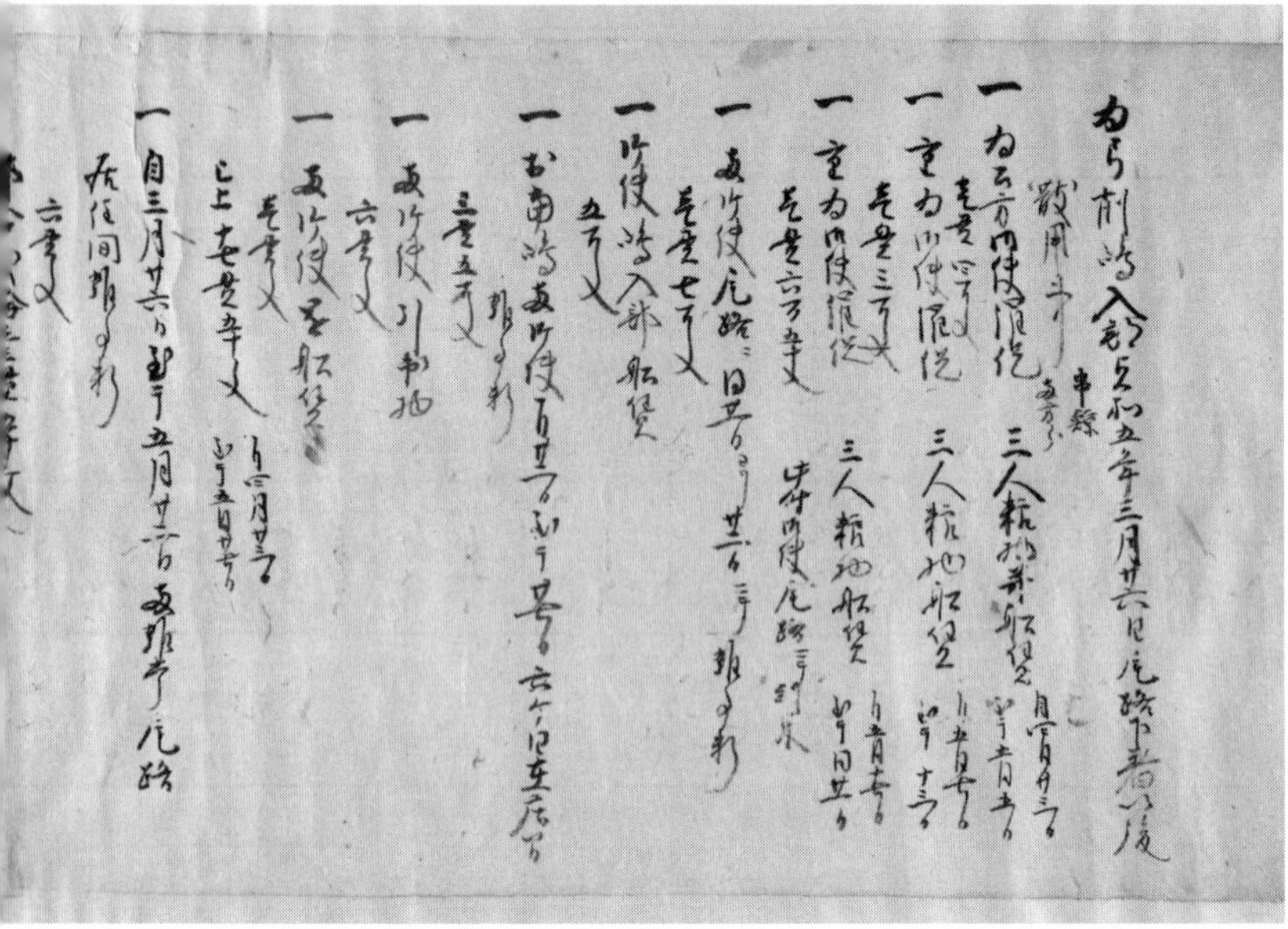

為弓削嶋入部貞和五年三月廿六日尾路下着以後
散用事 串・鯨 両方分
一 為公方御使催促　三人糧物弁船賃　自四月廿三日 至于五月五日
壱貫四百文
一 重為御使催促　三人糧物船賃　自五月七日 至于十三日
壱貫三百文
一 重為御使催促　三人糧物船賃　自五月十七日 至于同廿一日
壱貫六百五十文　此時御使尾路マテ到来
一 両御使尾路ニ同廿一日ヨリ廿二日マテ雑事料
壱貫七百文
一 御使嶋入部船賃
五百文
一 於当嶋、両御使自廿二日至于廿七日六ケ日在庄間
雑事料
三貫五百文
一 両御使引出物
六貫文
一 両御使還船賃
壱貫文
已上十七貫五十文　自四月廿三日 至于五月廿七日
一 自三月廿六日至于五月廿二日、両雑掌尾路
居住間雑事料
六貫文
都合弐拾参貫五十文

図 3-4　貞和 5 年（1349）に弓削島の代官が東寺に提出した必要経費の報告書
（『東寺百合文書《とうじひゃくごうもんじょ》』）

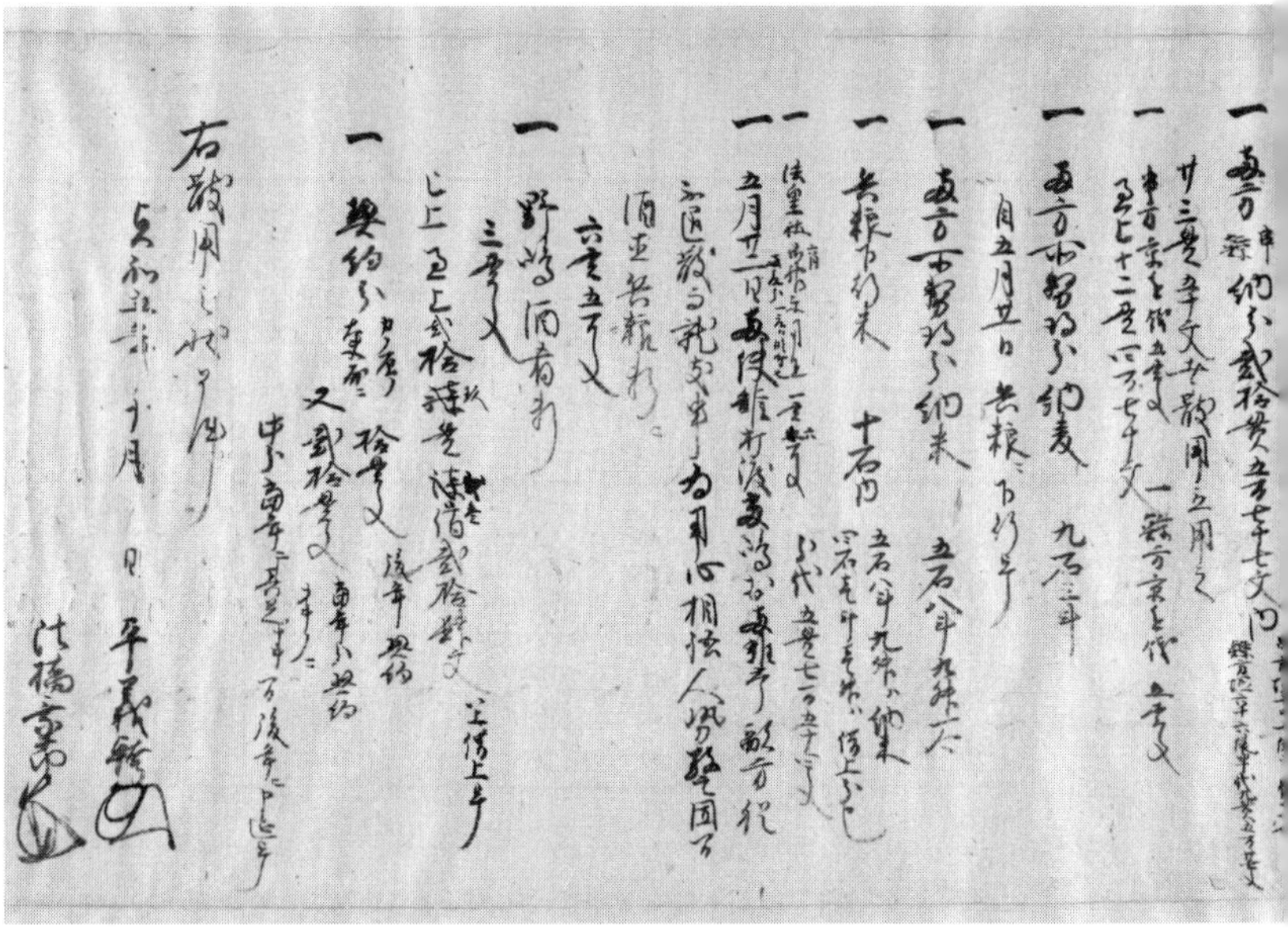

一　両方串鯨納分弐拾貫五百七十七文内　串方塩七十七俵二斗代十一貫五十文　鯨方塩六十六俵半代九貫五百廿七文

廿三貫五十文者、散用立用之

一　串方京進銭五貫文　　一　鯨方京進銭五貫文

過上十二貫四百七十文

一　両方所務得分納麦　九石三斗

自五月廿一日兵糧ニ下行畢

一　両方所務得分納米　五石八斗九升一合

一　兵粮下行米　十石内　五石八斗九升ハ納米　四石壱斗壱升ハ借上分也

一　法皇社ヲ六月御神楽用途一貫五百文　分代五貫七百五十四文　両度分一度ハ臨時也　六

一　五月廿二日、両使雖打渡両嶋於両雑掌、敵方猶

不退散而就支申、為用心相語人勢警固間、

酒直兵糧料ニ

六貫五百文

一　野嶋酒肴料

三貫文

已上過上弐拾柒貫漆ヲ佰弐拾肆文以上借上畢　玖　弐参

一　契約文カノ原ノ大夫房ニ拾貫文後年契約

又弐拾貫文常年分契約オキノニ

此分当年ニ其足ナキ間、後年ニ申延畢

右、散用之状如件

貞和五年十月　日

平　義幹（花押）

法橋乗南（花押）

てるものではなく、結びつけるものであるということを述べております。本日の私の話の中から、人と人とを結ぶ海の道の果たしてきた役割の重要性を少しでも感じ取っていただければ幸いです。

第四章

オックスフォードにおける私の研究

本章は、平成六年（一九九四）五月七日に東京都豊島区の学習院創立百周年記念会館で開催された『交通史研究会第二〇回大会・総会』における記念講演を収録したものである。

オックスフォード大学の誕生

私は一九八三年から二年間にわたり、オックスフォード大学（University of Oxford）で、イギリスにおける一七～一八世紀の水上交通について、テムズ川（River Thames）を中心に研究をいたしました。テムズ川はイングランド南部、グロースターシャー（Gloucestershire）の丘陵地の東斜面テムズ・ヘッド（Thames Head）にその源を発し、全長約三四〇キロメートルにおよび、イギリスではセバン川（River Severn）に次いで長い川です（図4-1）。この長さは、日本の信濃川と比べますと約三〇キロメートル短いことになります。本日は、私がどうしてこのテーマを選び、そして、どのような史料を使いながら研究を進めていったかという、研究のプロセスを中心にお話をしていきたいと思います。

研究の話に入る前に、オックスフォード市および大学のあらましを説明いたします。現在のオックスフォード市は人口一〇万人強、ロンドン（London）の北西約九〇キロメートルに位置しているテムズ川流域の町です。オックスフォード大学が正式にいつごろ成立したかは説の分かれるところですが、オックスフォードの町に一一〇〇年頃には学生がいたことを物語る史料があります。ごく初期の段階におけるオックスフォード大学は、学生も教師もそれぞれに市民の家を借りて生活し、授業は教師の家、教会、修道院の歩廊などで行われていたといわれています。したがって大学が創設されたからといって、大学に固有の建物があったわけではあり

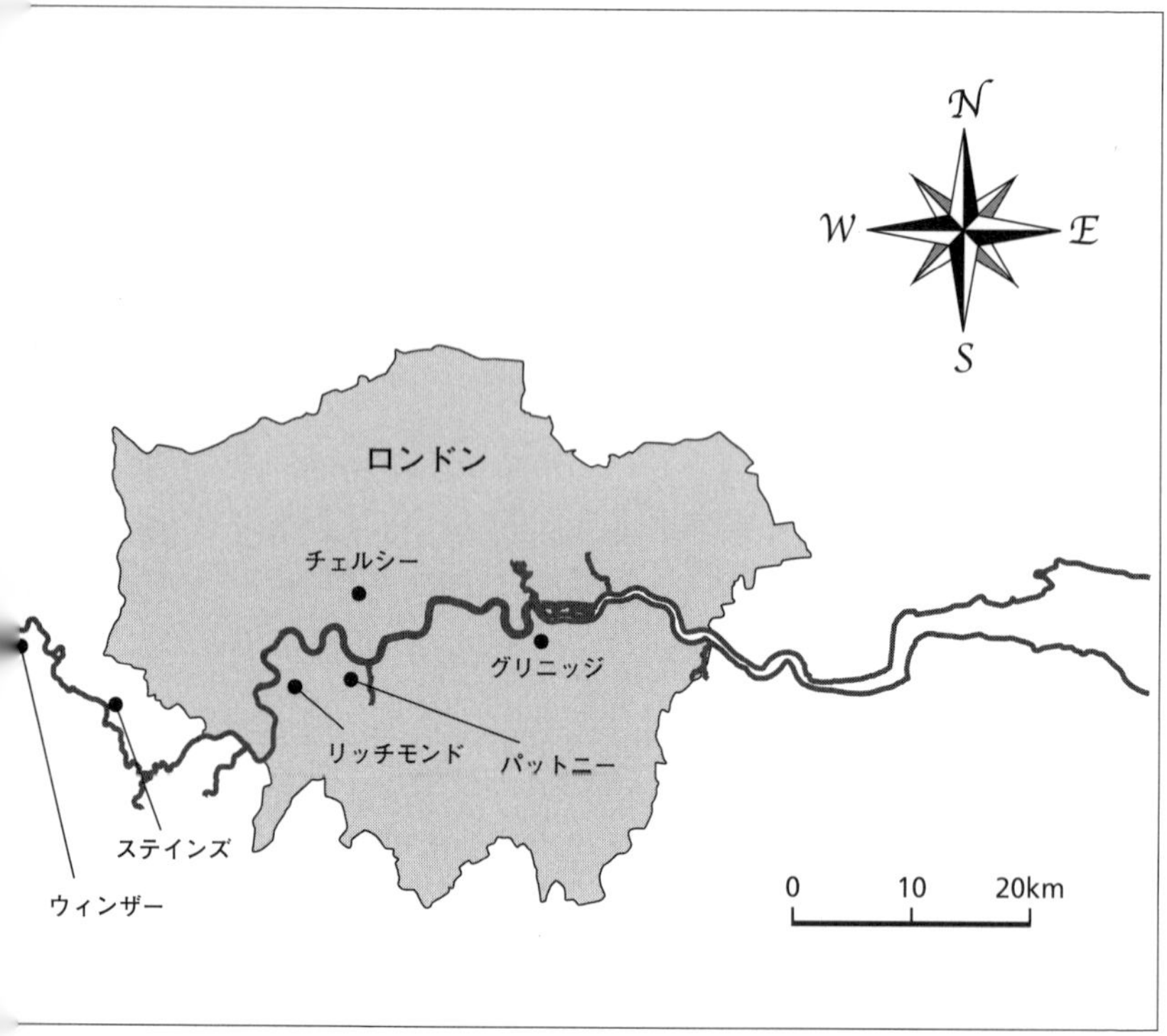
N
W
E
S
ロンドン
チェルシー
グリニッジ
リッチモンド
パットニー
ステインズ
ウィンザー
0
10
20km

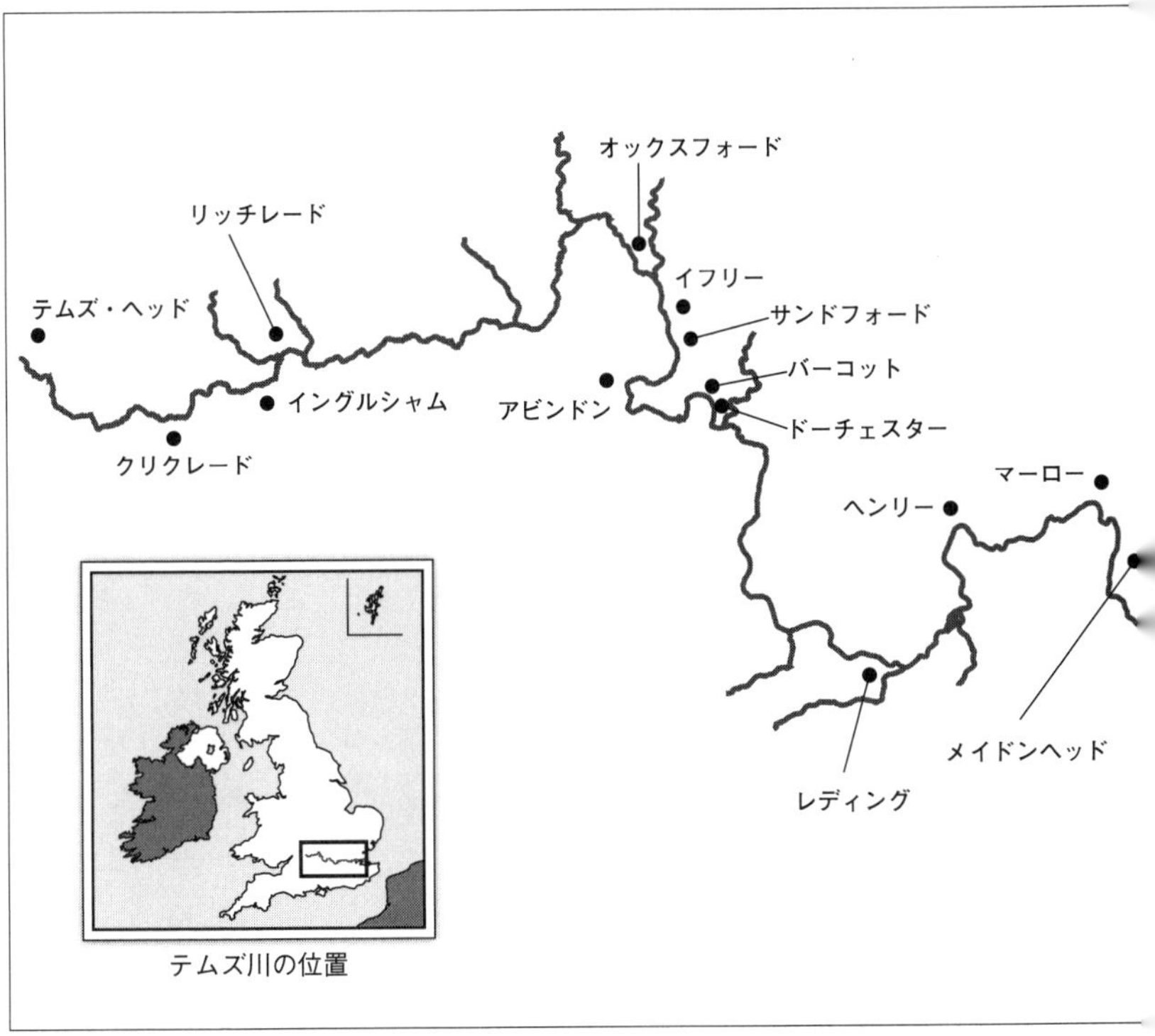
オックスフォード
リッチレード
イフリー
テムズ・ヘッド
サンドフォード
バーコット
イングルシャム
アビンドン
ドーチェスター
クリクレード
マーロー
ヘンリー
メイドンヘッド
レディング
テムズ川の位置

図 4-1　テムズ川略図

ません。このため、時には学生が下宿代を払わなかったとか、町の人と喧嘩をしたとかで、町の人々と学生とが武器をとって戦うこともありました。このような抗争をなくすために数名の学生が共同で一軒の家を借り、自分たちの選んだ長のもとで共同生活を営むようになりました。この家がホール（hall）と呼ばれ、その後ホールが発展し、法人格を認められたものがコレッジ（college）となります。一三世紀の半ばまでに、オックスフォード大学にはユニバーシティー（University）、ベイリオル（Balliol）、マートン（Merton）の三つのコレッジができあがりました。なお、私がおりましたマートン・コレッジが創設の認可状を得たのは一二六四年ですので、日本では鎌倉時代の文永元年にあたります。蒙古襲来の頃には、地球のほぼ反対側のイギリスでは、現在まで連綿と引き継がれている大学がすでに存在していたことになります。

現在オックスフォード大学には、一つの女子校を含む三五のコレッジがあります。[註1] このコレッジの集合体を、オックスフォード大学といっているわけです。大学を構成するコレッジは学生の宿泊単位、いわば学寮のようなものであって、分野を異にする学生および大学院生が生活をともにし、また、各コレッジには学生の指導にあたるテューター（tutor）もおり、学生は、そこを生活および研鑽の場としています。学生は、日本の大学とは異なり、例えば法学部や文学部といった学部を中心にした学生生活を送るのではなく、オックスフォード市の中にオックスフォード大学を構成するコレッジの建物が点在しており、このコレッジの中で学部学生も大学院生も、専門分野が違う学生が一緒に寝泊まりをし、勉学に励んでいるというわけです。コレッジに住む学生数は、規模の大きなコレッジでは五〇〇人、小さなコレッジでは一五〇人といったところでしょう。ちなみに、ケンブリッジ大学（University of Cambridge）も同じコレッジ制度を採っていますが、ケンブリッジでは大きいコレッジは八〇〇人程度の規模と聞いております。大学全体の統轄者としてチャンセラー（chancellor）と呼ばれる総長がおります。

コレッジとは別に、日本の大学の学部にあたるものとしてファカルティー（faculty）があり、すべての学生はコレッジに属すると同時に、専攻する分野のファカルティーにも必ず所属することになっています。私の場合は、マートン・コレッジに住みながら、歴史を専攻する大学院生としてファカルティー・オブ・モダン・ヒストリー（Faculty of Modern History）に所属していました。モダン・ヒストリーというのはいわゆる近代史ですが、私がおりました頃、オックスフォード大学では、紀元四七六年の西ローマ帝国の滅亡以降をモダン・ヒストリーとして扱っていたように記憶しています。つまり、「古典古代」という意味での「クラシック」に対しての「モダン」という概念なのです。一方、オックスフォードでのモダン・ヒストリーの下限は、少なくとも数年前の時点では一九六四年であったと聞きます。何故一九六四年なのか詳しいことは残念ながらわかりませんが、いずれにせよ、随分と古い時代から近代史として扱うところに、この大学の歴史の古さを強く感じます。

教育の根幹をなすテュートリアル制度

次に、オックスフォード大学の教育制度についてお話ししましょう。オックスフォード大学やケンブリッジ大学では、教育の中心に指導教授であるテューターと学生が、一対一あるいは一対二という少人数制で教育を受けるテュートリアル（tutorial）と呼ばれる制度（なお、ケンブリッジ大学ではそれぞれスーパーバイザー［supervisor］およびスーパービジョン［supervision］と呼ぶと聞いています）があります。この教育制度は、学生が週に一回、または二週に一回自分のテューターと会い、エッセイ（小論文［essay］）または研究中に生じた問題点を整理したものを提出し、テューターと議論をするものです。テュートリアルの終了時に、テューターから次回のテュートリアルでの課題が決められ、エッセイのテーマを提示されるとともに、参考文献を何冊も紹介されます。一週間なり二週間の間におびただしい数の本を読むのは大変苦労いたしました。それらをエッセイにまとめるのはさらに大変です。オックスフォード大学では、このテュートリアルが教育の根幹をなすために、講義やゼミナールはその補完的な意味合いが強いように見受けられました。

大学院生は、コレッジの中と外にそれぞれ指導教授を持つ例が多く、指導教授でもいわゆる正指導教授をスーパーバイザー、副指導教授をコレッジ内部におられることからインコレッジ・テューター（incollege tutor）と呼んでいます。私の場合は、スーパーバイザーをオールソウルズ（All Souls）・コレッジのピーター・マサイアス教授が引き受けてくださり、マートン・コレッジ内のインコレッジ・テューターは、ロジャー・ハイフィールド博士が担当してくださいました。マサイアス先生の専門は英国近代経済史で、著書の'*The First Industrial Nation*'は日本語にも翻訳され（邦題は『最初の工業国家』）、英国近代経済史の入門書として広く読まれています。一方のハイフィールド先生の専門はスペイン中世史ではありますが、オックスフォードの歴史にも造詣が深く、一九八八年にはオックスフォードとケンブリッジの建築について写真入りの本を出版されました。私のオックスフォードにおける研究で、このお二人には大変お世話になりました。

私は、一〇月の新学期がはじまるとすぐに、マサイアス先生のテュートリアルを受けるほか、基礎知識を養うために、先生の英国近代経済史の講義およびほかの先生の講義、歴史学を志す学生を対象としたゼミナールなどに出席しました。講義は一回六〇分で、ゼミナールとともに一学期ごとに完結します。ちなみに、オックスフォード大学は一年三学期制を採り、一学期は八週間と短いものです。第一学期は一〇月上旬にはじまり、第三学期は六月下旬に終了します。休みの期間が比較的長いのですが、学期中の学生の勉強量はかなりのものがあるように思います。ことにテュートリアルは、学生にとって大変勉強にもなりますが、そのかわり相当な負担にもなります。今でも、マサイアス先生との最初のテュートリアルはよく覚えております（図4―2）。先生は日本の交通史の概略をまとめるように指示されました。あれこれ試行錯誤を繰

図 4-2　ピーター・マサイアス教授とともに

り返した結果、私のエッセイは、日本の古代から江戸時代にいたる交通史を概観したものとなりましたが、先生からは自身の意見をもう少しエッセイの中に盛り込むことと、何故日本では馬車が発達しなかったのかを少し考えるよう指摘されました。その時はどのように回答したらよいかわからず、それ以降も英国滞在中にこの点を突き詰める時間はありませんでしたが、大変興味深い問題であると思います。

研究課題はテムズ川水運史

私は、学習院大学で日本中世の瀬戸内海の水運を研究した関連から、オックスフォード大学では、日本との比較で、イギリス中世の水上交通史を研究したいと漠然と思っておりました。しかし、イギリス中世の水上交通を研究するためには、ラテン語または古語の英語の史料を読む必要がありましたし、史料に限りがあるとの情報も入ってきました。その点、一八世紀の産業革命期の文献は現代英語で記されており、史料もかなり豊富にあることがわかってまいりました。マサイアス先生からは、テューートリアルの際に一八世紀頃を対象とした交通史の本を何冊か紹介され、イギリスの近代交通史についてまとめるよう宿題も課せられました。また、マサイアス先生やほかの先生方の産業革命期の経済史の講義でも当時の交通の問題が取り上げられました。このような過程で、私はイギリスの河川および運河の問題に非常に魅力を感じましたし、中でもテムズ川の交通史に関心を持ちはじめました。なお、テムズ川についてはオッククスフォード入学前の夏に、オックスフォードから少し下流の地域を船で下った経験や、次にお話しするハイフィールド先生との歴史散策を通して関心がより深まっていったように思います。

ハイフィールド先生は、私の研究上の指導にあたってくださいましたが、最初の学期には、毎週末になると、私をオックスフォードの歴史散策に連れていってくださり、建物の歴史やテムズ川の交通について話をしていただきました。最初の散策は土砂降りの中、マートン・コレッジに隣接する牧草地クライスト・チャーチ・メドー（Christ Church Meadow）をテムズ川べりまで歩き、メドーを一周するものでしたが、先生はこの時、中世のテムズ川の流路が現在とは異なっていたことや、一七〜一八世紀のオックスフォードの輸送業者の居住地域について説明されました。この時の先生のお話は今でも鮮明に記憶しております。と同時に、私には雨で滑るから注意するようにとおっしゃりながら、ご自身は見事に転ばれたお姿もよく記憶しております。ある時、先生は、私をマートン・コレッジの図書館に案内され、分厚い緑色の本の中のある箇所を示されました。そこには、一六二四年にオックスフォードから約三キロメートル下流のイフリー（Iffley）というところに閘門《こうもん》（パウンド・ロック［pound-lock］）をつくることになった旨、記されていました。その目的は、オックスフォード近郊で採れる良質の建設用石材をテムズ川を利用してロンドンまで下し、逆にロンドンからは、暖房用の石炭（イングランド北部ニューカッスル［Newcastle］から海路ロンドンへ運ばれたもの）をオックスフォードへ上げることでした。先生は、そのロックのある場所を見に行きましょう、と私を誘われました。

イフリーへの散策当日は、秋晴れの心地よい日で、テムズ川沿いに付けられた小道を散策するのにはうってつけでした。小道から眺めるテムズ川の景観は実に美しく、私はますますテムズという川が好きになりました。ただ、いつの散策の折にもそうでしたが、先生の歩く速度は実に速く、ついて行くのが大変でした。イフリーのロックは、教会のある小高い丘の麓に位置し、景色も美しいところでした。閘門は一九二〇年代につくり替えられて新しくなっており、一七世紀当時の面影を偲ぶことはできませんでしたが、何艘かのレジャー用の船が閘門の開くのを待っていました。その場に立って、ロンドンからの石炭やオックスフォードからの石材が一七世紀にはここを通ったのかと思い、それらを運んできた船のこと、輸送業者のことなど、当時の状況をあれこれと想像しました。このようなことを通じ、漠然とではありますが、私がテムズ川の水運史に取り組んでみたいと思うようになったのは、最初の学期の終わりの頃であったと思います。

次の学期に入ったある日、私は指導教授のマサイアス先生にテムズ川の水運について研究したい旨をお話ししました。最初の学期の印象として、テムズ川は英国内における物資の流通路として重要な役割を果たしているように思えましたし、何よりも、折々に、マートン・コレッジからほど近いところを流れているこの川を眺め、この川への親しみも深まってきていたからです。先生はしばらく考えられてから、「一番の問題はどれだけ史料があるかということ。また、史料が各所に散在している可能性もあること。その点では、まだ誰も研究していないオックスフォードシャー内を通る有料道路（ターンパイク［turnpike］）に関する史料がオックスフォードシャー州立文書館（Oxfordshire County Record Office）にあるから、それを使って研究をしてみてはどうだろうか。それなら一つの場所で一つの史料を使い、研究することができるだろうから」といわれました。おそらく、先生は、私のオックスフォードでの滞在期間が二年間と限られていることを考慮され、史料へのアクセスが比較的容易なテーマを選ぶことを考えられたのでしょう。しかし、私としては今までの日本での研究との関連から、陸上より水上交通を是非研究したい旨をお話ししましたところ、先生は、それならどのくらい史料があるか、一度オックスフォードシャー州立文書館へ足を運んでみようと私を誘われました。

オックスフォードシャー州立文書館

ここで、イギリスの州立文書館について触れたいと思います。私がオックスフォードにおりました当時、イングランドには、日本の県にあたる四〇余りの州（county）がありましたが、そのほとんどが、州の文書館を持っていると聞きました。オックスフォードシャーの場合も、中心の都市であるオックスフォード市に州立文書館を置いています。地方の文書については、すでに一五四七年に、州立文書館設置に関する議案が英国議会で討議に付されましたが、貴族院を通過せずに実現を見なかったようです。州の司法上の文書・記録の保管責任者は、首席の治安判事で、その指揮のもとに治安判事書記（Clerk of the Peace）が保管していましたが、公文書を一か所に集めないままに時代が推移したために散逸することも多かったといいます。現在、州立文書館には、かつて州の治安判事のもとに保管されていた州の司法文書を中心に、教会の文書などが収められています。州立文書館は、州の庁舎の建物の中にあるものもあれば、文書館として独立した建物を持っているものもあります。

オックスフォードシャーの文書館は、オックスフォード市の中心から少し西に寄った州の庁舎（county hall）の地下にありました。[註2] 文書館は地下とはいっても明るく、年配の方から、ご婦人、学生風の人まで思い思いに一所懸命に史料を読んでいる様子が印象的でした。聞くところによると、利用者の約三分の二が自分の家系を調べるために来ているとのことでした。閲覧室はさほど広くなく、一〇人位は座れる椅子とテーブルがあり、ガラスごしに事務室が見えるようになっていました。ここで働いている職員は私が見たところ三人ほどで、そのうちの一人がアーキビスト（archivist）という専門の職にいるようでした。

閲覧室には、史料の所在を示すカードケースや、書籍、目録類、史料に関するさまざまなファイル類などが、壁際の書棚にぎっしりと詰まっており、その高さは天井近くまで達していました。マサイアス先生は、さっそくアーキビストを私に紹介してくださいました。その方は、バーンズさんといい、それ以降も研究のうえで大変お世話になりました。

まず、先生が私に研究することを勧められた、オックスフォードシャー内を通る有料道路を管轄する委員会の一冊にまとまった議事録を示されました。そこには有料道路の成立の背景から、委員会の通行税収入や支出の詳細記録など興味深いことが多く記されておりました。しかし、私はやはりテムズ川の水運に関する研究の方により興味をそそられました。そこで、先生はバーンズさんに私が取り組もうとしている研究の概略を話され、テムズ川関係の史料がどのくらいあるか尋ねられました。バーンズさんは、いったん奥の方へ入られ、数分後には、ほこりにまみれた一メートル四方の大きな段ボール箱とともに出てこられました。そこにはおびただしい点数のテムズ川に関する史料が入っていました。

マサイアス先生はこの状況をご覧になって、私に希望通りテムズ川の交通史をやってみたらどうかといわれました。ただし、散在している史料を丹念に見ていくことは、大変「タイム・コンシューミング」(time-consuming) な作業、つまり、時間と労力を要する作業であることを覚悟のうえで、と付け加えられました。その時は、本当に嬉しい気持ちで一杯でした。私は、マサイアス先生やバーンズさんともご相談したうえで、まずオックスフォードシャーの四季裁判所記録 (Quarter Session Records) に目を通すことにしました。

四季裁判所記録

四季裁判所記録というのは、一年のうちに四回開かれる州の法廷の記録であり、犯罪はもとより、行政上の問題も含まれています。ちなみに、オックスフォードシャーの議会は一八八九年に成立しましたので、それ以前の行政上の問題のほとんどが四季裁判所の法廷に持ち込まれました。オックスフォードシャーの文書館には、一六八七年から一八三〇年までの議事録が所蔵されていました。

四季裁判所記録に記されたビールやウイスキーの原料となるモルト（麦芽《ばくが》）を運搬した船に関する記録は、当時のテムズ川の水運を調べるうえで格好の史料でした。といいますのは、当時モルトは物品税の対象になっていましたので、輸送中の事故などによりモルトが失われた場合には、モルト商人はすでに納入済みの税の返還を法廷に訴えることができ、古い記録が残されていたからです。一例をあげますと、一七三二年に、オックスフォードに住むアーノルドという人の船が、オックスフォードからテムズ川を少し下ったベンソン（Benson）という場所のロックで沈没し、二一二クォーターのモルトを消失してしまいました。記録にはこの船に積んであったモルトの荷主が八名で、居住地はオックスフォード周辺の地域であったことなどが記されていました。すなわち、これらの記録から、テムズ川の交易に関わった船主の居住地、船の沈没箇所、損失したモルトの量＝輸送量、一つの船にモルトを積載していた商人の数、モルト商人の居住地などがわかります。

輸送業者と製粉業者の抗争

ここで、ロックとはどのようなものかご説明しましょう。それには一七世紀以前のテムズ川の状況についてお話しする必要があります。一般的にいって、中世のイギリスでは、人々の河川に対する関心は交通路としてよりも、むしろ生活の場として利用することに向けられておりました。したがって、河川はいたるところで漁民の仕掛けた簗《やな》や、製粉業者が水車用の水を確保するために設けた堰《せき》などによって分断されており、これらの人々と自己の持ち船を通そうとする輸送業者の間では絶え間ない抗争が繰り広げられていました。テムズ川もその例外ではありませんでした。一三世紀には、輸送業者と製粉業者間の妥協策ともいえるフラッシュ・ロック(flash-lock)ができます。これは、開閉式の水門で、これにより、船は堰を通過できるようになったわけですが、輸送業者は水門が開く際に、激しい勢いで流れ落ちる水の上を転覆させないように船を通行させなければなりませんでした(第五章112ページの図5−2参照)。また製粉業者もフラッシュ・ロックの開閉のたびに、水車を回転させるために必要な水位に戻るまで時間を要しました。このことは、必然的に、製粉業者と輸送業者間の感情の対立を引き起こすことになりました。このほか、テムズ川には各所に浅瀬もあり、それも船舶の航行上の大きな障害となっていました。一六世紀に入っても、テムズ川の水運はロンドンからオックスフォードまで開通しておらず、オックスフォードから約二〇キロ下流のバーコット(Burcot)というところまでしか通じていませんでした。

テムズ川が交通路として重要視されるようになったのは一七世紀からです。すなわち、一七世紀から一八世紀にかけてのロンドンの拡張と地方の農業の発展により、テムズ川が交通路として、より重要な地位を得ることになります。それまで未開通になっていたオックスフォードとバーコットの間に船を通すため、一六〇五年にオックスフォード・バーコット委員会(Oxford-Burcot Commission)が設立され、河川の改修に着手します。しかし、委員会に必要な権限が与えられず、改修は進みませんでした。このため、一六二三年に法律を制定し、新たなオックスフォード・バーコット委員会が立ち上がります。この委員会は、オックスフォード市の代表四人とオックスフォード大学の代表四人からなる八名で構成され、オックスフォードとバーコットの間に三つのパウンド・ロックという新しい形のロックをつくり、船舶の航行の便に供しました。このパウンド・ロックは、今日でも河川および運河で多く見られるものです。いわば小規模なパナマ運河式のシステムで、煉瓦と石でできたチェンバー(chamber)と呼ばれる貯水槽の両端に木製の水門が付けられており、水門の下部に付けられたパドル(paddle)と呼ばれる仕切り板を開閉することにより、上部あるいは下部に隣接するチェンバーと水位を同じにしてから、水門を開けて船を通す仕組みです(図4―3)。

それまで使われていたフラッシュ・ロックでは、水門が一つだけであるために、一度開けた場合には、大量の水が流出し、輸送業者および製粉業者双方にとって不都合でしたが、新しいパウンド・ロックは、前後二か所の水門を開閉することにより、水量の調節が可能になりました。この発明により、船は急流域を上下することができるようになり、しかもフラッシュ・ロックのように一時に大量の水を流す必要がなくなったことにより、輸送業者と製粉業者との争

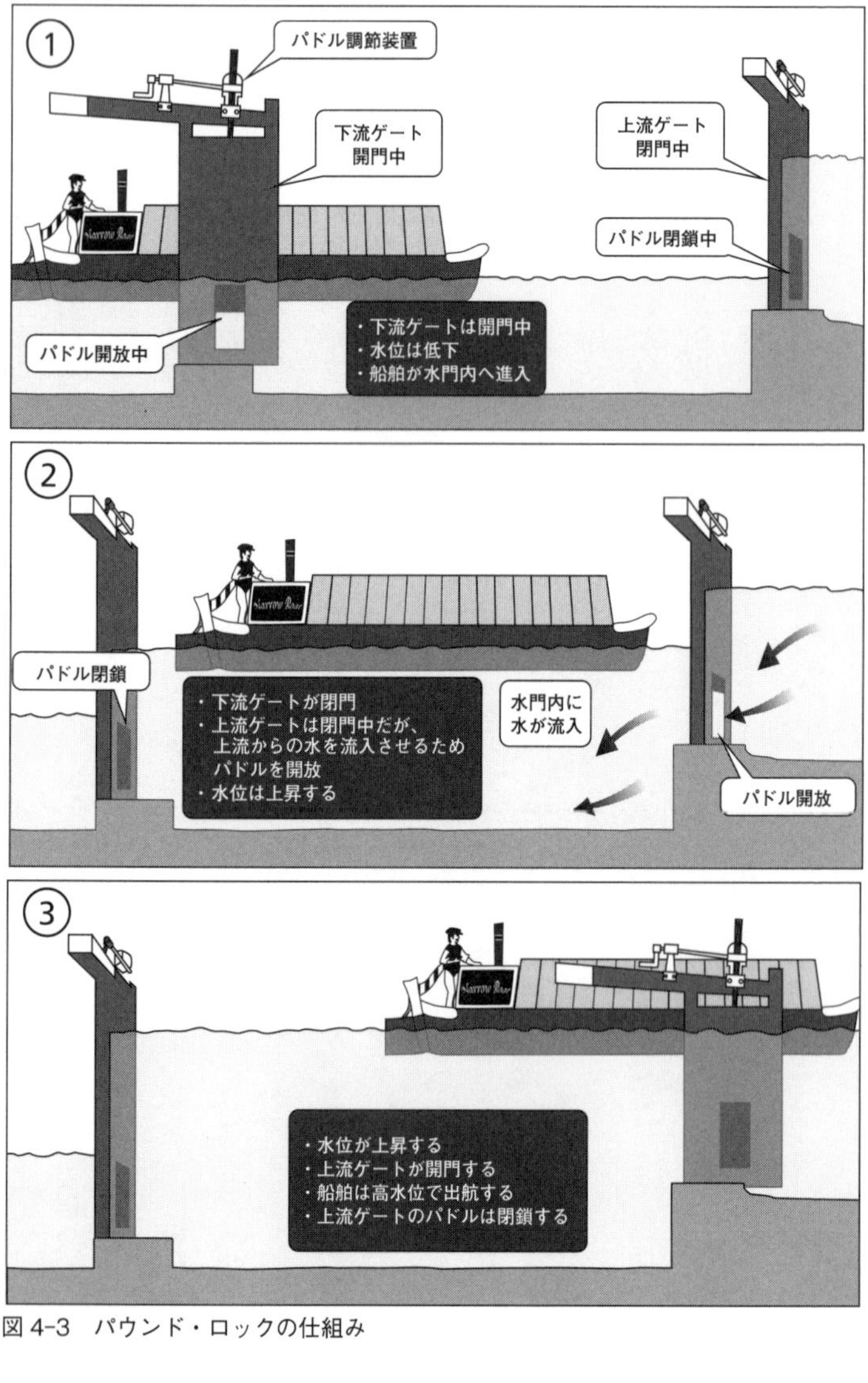

図 4-3　パウンド・ロックの仕組み

いの解決にも寄与しました。そしてその結果、一六三五年にはオックスフォードとロンドン間の航行が可能となりました。このオックスフォード・バーコット委員会のもとで設置された三つのパウンド・ロックのうちの一つが、先ほどお話ししたハイフィールド先生に連れていっていただいたイフリーのロックです。

ニュー・ボードリアン図書館

オックスフォード・バーコット委員会の活動の成果によって、船はロンドンからオックスフォードまで遡上することができるようになりましたが、より円滑な物資輸送を図るうえでは、オックスフォードとバーコットの区間にとどまらず、テムズ川全域を対象とした河川改修工事と、さらに多くのパウンド・ロックの建設が必要でありました。工事資金を調達するためには、オックスフォード・バーコット委員会以上に強力な権限を持つ委員会の出現が待たれました。ここに、一七五一年、テムズ・ナビゲーション委員会（Thames Navigation Commission）が成立します。この委員会の管轄区間は、ロンドン近郊のステインズ（Staines）から、テムズ川の航行可能な最上流地点であるリッチレード（Lechlade）までの一七四キロメートルでした。

四季裁判所記録を見終わった後、私はマサイアス先生から、一八世紀当時のオックスフォードで発行された新聞に、テムズ・ナビゲーション委員会の活動を含むテムズ川の水上交通についてのさまざまな情報が載っているのではないか、というアドバイスを受けました。その新聞はオックスフォード大学のニュー・ボードリアン図書館（New Bodleian Library）にあるものでしたが、幸いその新聞の索引がオックスフォードシャーの文書館にあることがわかり、私の作業は、関連事項を文書館の索引で調べ、次にニュー・ボードリアン図書館で該当する新聞記事を見つけて、必要な情報を書き写すことでした。ニュー・ボードリアン図書館はオックスフォード大学の付属図書館であるボードリアン図書館（Bodleian Library）の分館のようなものです。ボードリアン図書館には、ほかに分室に相当するラドクリフ・カメラ（Radcliffe Camera）や自然科学系のラドクリフ・サイエンス・ライブラリー（Radcliffe Science Library）などがあります。

ここで、ボードリアン図書館についてもう少しお話ししようと思います。ボードリアン図書館の創設は一五世紀の後半に遡りますが、現在の建物は一七世紀にトマス・ボードリー卿によって再建されたものです。現在の蔵書数は刊本約六〇〇万冊[註3]、手書き資料は五万部を超えるといいます。この図書館は英国内で出版された本がすべて自動的に納本される数少ない図書館の一つであるというのもうなずけます。なお、図書の館外貸し出しはいっさい行われていませんが、これは、再建者ボードリー卿の考えで、たとえ国王であろうともこの原則に従わねばならなかったそうです。

ボードリアン図書館に入る際には、入り口で写真入りの利用許可証の提示が求められます。

したがって私も利用許可証を作成いたしましたが、写真撮影や書類にサインをした後で、本を大切に扱うといった利用者が守らなければならないいくつかの規定が書かれた一枚の紙をわたされ、その場で音読しなければならないことには驚きました。ボードリアン図書館に伝わる古い掟とのことです。そこには、外国人のために英語以外の言葉で書かれたものも用意されており、私の場合は日本語のものをわたされ、それを読み上げました。

それからボードリアン図書館で本を探すには、まず閲覧室の膨大な量のカタログを見ることになります。アルファベット順に製本された目録は、一九二〇年出版までのものが一つの部屋に、それ以降のものは隣の部屋に架蔵されております。したがって、本を手早く探すには少なくとも出版年次が一九二〇年の前か後か知っておく必要があります。カタログは書名でも著者名でも引くことができます。探している本が開架書庫にある場合は問題がないのですが、閉架書庫にあるものについては請求票に必要事項を記入して注文し、本の出て来るのを待つことになります。私がオックスフォードにおりました頃は、司書の人がその都度書庫からとり出す仕組みになっており、本が出て来るのにかなり時間がかかったように記憶しています。私は、必要な本を前日の午後に注文して、翌朝その本を見に行くようにしておりました。

『ジャクソンズ・オックスフォード・ジャーナル』

ニュー・ボードリアン図書館で私が見た新聞は、『ジャクソンズ・オックスフォード・ジャーナル』（*Jackson's Oxford Journal*）といい、オックスフォードで発行された週刊の地方新聞です。この新聞の創刊は一七五三年で、一九二八年まで続いたそうです。ここには、オックスフォードシャーのテムズ川沿いの町に住む船頭の名前や人数、モルト商人や石炭商人など、川を交易に利用した商人についての情報、そのほかにテムズ・ナビゲーション委員会の河川改修事業に関する会議の詳細な記録など、非常に興味深い記事が多く掲載されていました。特に、テムズ・ナビゲーション委員会の会議でどのようなことが議論されたかが、実に詳細に記されていたのは研究を進めるうえでとても助かりました。テムズ・ナビゲーション委員会の会議については、その議事録であるミニッツ・ブック（minutes book）が残されていますので、これも委員会の活動を探るうえで大切な史料です。ミニッツ・ブックには、概して書記が重要と思った事項のみが記載されているのに対して、新聞にはその背景全体の状況がわかるという利点がありました。また、テムズ・ナビゲーション委員会で決定されたことが地方の新聞で頻繁に報じられていることは、当時のオックスフォードの人々にとってテムズ川の河川改修工事の進捗状況が大きな関心事であったということを示しているのだと思いました。

例えば、一七八八年の七月五日付けの新聞には、テムズ・ナビゲーション委員会の決定により、八月一日から、テムズ川を航行する船の喫水を三フィート一〇インチに制限した旨が記されたうえで、「三フィート一〇インチよりも喫水が深い船からは、通常の二倍の通行料金にプラスして、二〇ポンドの罰金を課す。もし、支払わなければ、パウンド・ロックでの料金徴収人は、船の船具や家具類を売り払うことも許される。また、通行料金を支払わずにパウンド・ロックを通過した船には、一〇ポンドの罰金を課す」というものでした。この記事から、委員会が船の航行の安全を考え、座礁を防ぐために過剰な積み荷を制限し、違反者には罰が加えられたことがわかります。実際、委員会は、船の喫水には随分と気を遣った模様で、河川改修工事の進捗にともなって変化が見られます。『ジャクソンズ・オックスフォード・ジャーナル』の記事によれば、一七七一年には喫水は三フィートでしたが、一七七五年には三フィート八インチとなり、さらに一七八八年に三フィート一〇インチとされています。それだけ河川改修工事が進んだためとも考えられましょう。ちなみに、委員会はこのパウンド・ロックなどで徴収された通行料金に外部からの融資を加えて、河川改修工事の財源としていました。

また、新聞の記事からは、オックスフォードシャーに住む輸送業者の名前や居住地はもとより、家族ぐるみで輸送業にあたっていた輸送業者が多かったことも判明しました。さらに、オークションの記事が意外に参考になりました。といいますのは、輸送業者がしばしば、自分の所持品をオークションに掛けているのです。例えば、一七六四年の一一月四日付けの新聞のオークションの欄を見ると、ローレンス・ワイアットというオックスフォードの輸送業者が、一〇〇トンのバージ（barge 河川航行用の平底の荷船）をオークションに掛けていますし、トマス・コートというやはりオックスフォードの輸送業者は、三艘の船、当時ではかなり高価なマホガニーの材質の椅子、四本柱のベッドを売っています。これらの記事からも輸送業者の所持品、持ち船の大きさがわかり、彼らの社会的な地位もある程度わかります。

ところが、『ジャクソンズ・オックスフォード・ジャーナル』の記事の索引は、何故か一七九〇年までしか作成されておらず、調査対象とした一八〇〇年までの一〇年間は、新聞の記事を丹念にめくる作業が必要になりました。日刊の新聞でなかったのは救いでしたが、週一回出る新聞でも、一〇年分を見るのは骨が折れました。このほか、花粉症にかかっている時期には、分厚いバインダーに綴じられた新聞から舞い上がるほこりに大いに悩まされたこともありましたし、土砂降りの日に、図書館の入り口付近に立てかけておいた傘を盗まれ、コレッジまでずぶぬれになって帰った思い出もあります。

なお、一八世紀当時の地方の新聞をきわめてよい保存状態で見ることができたことは大きな驚きでした。当時にあってはかなり良質の紙を使っていたためではないかと思います。と同時に、今私たちが読んでいる新聞がはたして二〇〇年後にこのようによい状態で保存されているだろうか、と考えさせられました。ところで、イギリスでは新聞はすでに一六六〇年代から出回っており、最初の日刊紙が発行されたのは、一七〇二年であったといいます。イギリスの新聞で現在でも有名な『ザ・タイムズ』(*The Times*)の創刊は一七八五年といわれ、私の留学中の一九八五年には創刊二〇〇年を記念した本が出版されたのを記憶しております。

このように、『ジャクソンズ・オックスフォード・ジャーナル』の記事は、テムズ川の交通を調べるうえできわめて重要でしたが、さらにテムズ川の交通の全体像を浮き彫りにするためには、これらの記事をほかの史料とも突き合わせ、補ったり、新たな事実を付け加えていく必要も出てきました。その作業は一八世紀のテムズ川の水運という大きなジグソー・パズルを少しずつ埋めていくような感じもし、大変であると思うこともありましたが、同時に胸が躍るような感じを抱く時もありました。

英国議会史料

新聞を見る作業に続いて、私は当時の英国議会の史料であるパーラメンタリー・ペーパー(Parliamentary Papers)を見ました。何故議会の史料が重要かといいますと、当時の河川改修工事や運河建設には英国議会の承認が必要であり、そのために、議会の史料には水運関係の情報が多く残っているからです。実際、議会史料を見た時、私はその情報が豊富な点に驚きました。ボードリアン図書館の地下の、古い書物を保存してある書庫特有の匂いの漂う部屋で、最初に目にした議会史料には、テムズ川の河川改修工事に関する一七九三年の議会への報告書のうち、一七八六年から一七九二年までの期間に、ロンドンにほど近いメイドンヘッド(Maidenhead)からリッチレードまでの区間における年ごとの船舶の航行総数の記録が含まれていました。この記録から、この区間の船舶の年間航行総数は延べ六〇〇回を超えることがわかりました。

また、この報告書の中に、調査人が実際にテムズの河川改修工事の状況を詳細にレポートした史料も見つけました。どこに浅瀬があるかということとともに、そこにロックを付けることや、深く掘ることにより、その浅瀬を船が通り易くできるのではないかといった提言や、馬が船を曳くために川沿いに付けられたトーイング・パス（towing path）と呼ばれる小道の整備状況など、細かい報告がなされています。なお、このトーイング・パスについては、同報告書に、バージの船長が、オックスフォードとロンドンのほぼ中間にある、現在ではレガッタ（ボート競技）で有名なヘンリー（Henley）からロンドンまで実際に下ってみて、船を曳くのに必要であった馬の頭数を区間ごとに報告した記録もあります。

史料渉猟の日々

四季裁判所記録、オックスフォードの新聞、議会史料の調査に続いて、私は、再びオックスフォードシャーの文書館に行き、最初に文書館を訪れた際、バーンズさんが出してくれたテムズの水運関係の史料を見ることとしました。その中には、テムズ・ナビゲーション委員会から任命された調査人が、河川改修にともなうテムズの状況について、委員会に提出した報告書、委員会のメンバーが相互にやりとりした書簡や当時のテムズ川流域の地図などが入っており、研究に大変役立ちました。このほかに、オックスフォード市の図書館にも足を運びましたが、そこで見つけた一八世紀のオックスフォード市の徒弟の年季記録（*Oxford City Apprenticeship Records*）は、当時のオックスフォード市における輸送業者やモルト商人を特定したり、師弟関係を調べるのに役立ちました。

研究を進めるうえでは原史料を読み進めるだけではなく、すでに出版されている本や研究論文から情報を得ることが大切であることはいうまでもありません。私も、産業革命期の交通史の本を多く読みました。このほか、*The Victoria History of the Counties of England*（『英国ヴィクトリア朝州史』）はイギリスの各州の歴史が詳細に叙述されており、テムズ川が通過する州の歴史を調べるうえで大変参考になるとともに、水上交通研究のうえでの有益な記述も多く見られました。ことに、オックスフォードシャー、バークシャー（Berkshire）、グロースターシャーの巻は研究を進めるうえでとても参考になりました。研究論文としては、大学の研究紀要、『ジャーナル・オブ・トランスポート・ヒストリー』（*The Journal of Transport History*）、『エコノミック・ヒストリー・レビュー』（*Economic History Review*）といった雑誌には多くの研究論文が掲載されており、大変有益でした。

また、研究対象としている一七〇〇年代に出版された本も参照しました。中でも、オックスフォードシャーの文書館で見たジョン・バートンというテムズ・ナビゲーション委員会のメンバーが書いた、一七六四年発行の「現在のテムズ川の水上交通の状態と委員会による統制」という冊子には、テムズ川航行をより円滑に行うためにはどうしたらよいかといったことが細かく述べられていました。著者はここで大型船舶よりも小型船舶を多く使うことを勧めています。その理由は小型船舶の使用は荷物の積み込みを迅速化させ、運搬の遅れを解消でき、また航行時においてパウンド・ロックに多くの水を貯める必要もなく、ロックを傷める心配も少ないからです。この冊子はなかなか読みごたえのあるものでしたが、驚いたことにそれからしばらくして、たまたま一七六四年の『ジェントルマンズ・マガジン』（*The Gentleman's Magazine*）という一七三二年に創刊された雑誌を見ておりましたら、今お話ししたバートンの冊子の要約が実に簡潔に記されていました。『ジェントルマンズ・マガジン』は、内外のニュースや、歴史、文学、社会、科学などについての記事から、当時の株価などまで記載されており、総合雑誌としての性格を持っておりますが、議会での討議内容にも触れているとのことでしたので、テムズ川の河川改修工事についても何か参考になることが記されていないかと内容をチェックしておりましたところ、この要約を目にしたのです。その時は、『ジェントルマンズ・マガジン』を先に見ておけばよかったと少しばかり後悔しました。

また、『ロビンソン・クルーソー』の著者として有名なダニエル・デフォーは、旅行作家として一八世紀に英国内を旅して各地の様子を細かく観察し、これを数冊の本に残しています。彼の著書には、石炭の価格や輸送手段・経路のほか、レディング（Reading）からロンドン間のモルト交易の様子なども記されており、大変に参考になりました。さらに、ボードリアン図書館で見た『ユニバーサル・ブリティッシュ・ディレクトリー』（*The Universal British Directory*）には、当時の各地の商工業者の名簿が記載されており、輸送業者、石炭商人、モルト商人を調べるのに役立ちました。

バークシャーとグロースターシャーの州立文書館

史料調査では、私はオックスフォード以外の地域も訪れました。といいますのも、テムズ川は、ロンドンにいたるまでにはオックスフォードシャー以外にグロースターシャー、バッキンガムシャー（Buckinghamshire）、バークシャーなどいくつかの州を流れております。したがって、研究対象をテムズ川上流地域に限る場合でも、オックスフォードシャー以外の河川沿いの州の文書館や図書館の史料を集めることも必要でした。これは、私が、オックスフォード大学へ入って二年目に手掛けた主な作業となりましたが、マサイアス先生が私の研究補助として紹介してくださったモーガン博士が、都合の付く限りこれらの史料調査に同行してくださいました。

私は手はじめにレディングにあるバークシャー州立文書館（Berkshire County Record Office）に四～五回足を運び、史料調査にあたりました。この文書館はオックスフォードのそれとは比べものにならないほど近代的な州庁舎のビルの一角にあり、実に広々としておりました。ただ、オックスフォードシャーの文書館の方が利用者とアーキビストの関係がきわめて密になっており、研究のための雰囲気が整っていたようにも思いました（例えば、オックスフォードシャーの場合、部屋に入ってきた利用者が少しでもどうしたらよいか戸惑ったふうに見えると、アーキビストがすぐに、何かお手伝いしましょうか、と尋ねてくるそんな場面にたびたび遭遇しました)。バークシャーの文書館の史料調査では、テムズ・ナビゲーション委員会の河川状況調査書およびバークシャーの四季裁判所記録を通じて、当時のテムズ川の航行状況やモルト運搬の様子がわかりましたが、この調査書は手書きが多く、判読には苦労しました。

また、グロースター市にある、グロースターシャー州立文書館(Gloucestershire County Record Office)や図書館にも幾多の史料がありました。私は、このグロースターシャーの文書館で、テムズ川の水上交通に関して大変有益な一つの史料を見つけました。それは、イングランドの二大河川であるテムズ川とセバン川を結ぶテムズ・アンド・セバン(Thames and Severn)運河を経営していたテムズ・アンド・セバン運河会社の所有する船舶が一七九〇年から一七九七年にかけてテムズ川を航行した時の記録です。そこには船の名前、船長名、荷揚げ地点、荷主の名前、輸送された物資の内容と量などが克明に記されており、量にして一〇〇ページにわたるものでしたが、当時のテムズ川を行き交った物資や船の運航状況がわかる大変興味深い史料でした。この史料を見つけた時は本当に嬉しいものがありました。何とか全ページをコピーして日本へ持ち帰ったのはよかったのですが、開いてみて、史料の端が部分的に欠落していることがわかった時には、大いに慌てました。コピーをとる際の失敗だったようです。幸い、マサイアス先生や、先生のお弟子さんに助けていただき、何とか史料の欠落部分を補うことができました。

この史料全体を見て驚いたことは、当時のテムズ川を行き交った物資の多様さです。複数の農産物のほか、金属製品を含む工業製品、繊維産業に用いられたと思われる染料、明礬《みょうばん》、サイダー（りんご酒）、ワインなどのアルコール飲料類、また、砂糖、タバコ、米、茶といった植民地からの物資、石材、木材など三五種類以上にのぼり、ロンドンがこれらの物資の一大集散地であったことを思わせます。工業製品の中には、スカンジナビアおよびバルト海沿岸諸国から思われる物資もあり、先の植民地からの物資とともに、国際都市としてのロンドンの姿を浮き彫りにしています。ただし、当時飲料として愛飲されはじめていたコーヒーは、まだ一般の口には入らなかったのか、統計には表れてきていませんでした。

キュー・ガーデンにある国立公文書館

ロンドンにも足を運びました。ことに、ロンドンのシティにあるギルドホール（Guildhall）の図書館で見つけた保険会社の記録からは、テムズ川沿いに住む船頭・石炭業者・モルト商人の所有財産とそれに掛けた保険料がわかり、彼らの社会的地位を調べるうえで参考になりました。この記録は、一八世紀当時のロンドンの保険会社の一つである、サン・ファイアー保険会社（Sun Fire Insurance Company）のもので、コンピューターで打ち出されて大変見やすかったのですが、おびただしい分量のデータに目を通し、その中から調べる対象としている人物を抽出していく作業には骨が折れました。コンピューターに入っていたため、検索も容易だと思って聞きましたところ、何故か検索不能ということで、狐につままれた面もちで作業を続けました。

　また、ロンドン郊外のキュー・ガーデン（Kew Gardens）にある国立公文書館（Public Record Office）にも行きました。国立公文書館は、キュー・ガーデンとロンドン中心部のチャンスリー・レーン（Chancery Lane）の二か所にありますが、[註4]私が研究対象とした時代の史料はキュー・ガーデンにあり、より古い時代の史料はチャンスリー・レーンにあります。国立公文書館ではそれほど関係史料を見出せませんでしたが、私が興味を持ったことは、ここでの史料の請求方法でした。まず、探している史料について、その名称など必要な情報をコンピューターにキーボードで登録したうえで、ポケットサイズの受信機（ビーパー［beeper］）をもらいます。請求した史料が出てくると、その受信機の赤ランプが点滅し、また発信音が聞こえて、建物のどこにいても自動的に知らせてくれる仕組みになっていました。

　そのほか、グレーター・ロンドン文書館（Greater London Record Office）にも史料調査に行きました。幸いここではテムズ・ナビゲーション委員会が出資を募った額とその応募者の名前と職業が記されている史料の一部を見つけたため、それを筆写してまいりました。もちろん、いつもこのようによい史料に巡り合えるとは限りません。オックスフォードから車で一時間ほどのところにある文書館を訪ね、結局何も価値ある史料を見出せずに帰ったこともありました。しかし、空振りも研究のプロセスの一つではないかと思いました。

タイム・コンシューミングな史料調査

史料調査は一つずつ文献の必要箇所をカードに書き留める形で進めました。はじめのうちは史料の読み方や解釈に時間を要しましたが、こういった場所で生の史料にあたり、ある時は読みにくい文字と格闘しながら、またある時は舞い上がるほこりを吸いながら取り組むことは、何か史料を通してその時代の温もりを感じるような気がして非常に嬉しいことでした。また、文書館の方々は大変親切で、どうすれば探している史料を見出せるか、十分に熟知しているように見受けられました。ことに、バーンズさんをはじめとするオックスフォードシャーの文書館の方々からは、ひとかたならぬご協力をいただきました。判読しにくい文字を教えてくださったことはもとより、常にテムズ川水運関係の史料がどこかにないかと気をつけていただいた模様で、行くたびに新しい情報を何か提供してくださったといっても過言ではありませんでした。イギリスの高いレベルの歴史研究は、このような図書館や文書館に負うところが非常に大きいことを改めて感じた次第です。

私は、このようにしてさまざまな図書館や文書館をまわり、一七〜一八世紀のテムズ川の水運についての研究を一冊の本にまとめることができました。[註5] そこでは、一八世紀後半のテムズ・ナビゲーション委員会によるテムズ川の河川改修工事の様子、当時の物資輸送に携わった輸送業者の実態、実際にテムズ川を流通した物資などについて考察を加えました。研究論文を完成させることができたのも、ここでお話ししたマサイアス先生やハイフィールド先生、モーガン博士、オックスフォードシャーの文書館の方々をはじめとする文書館、図書館の方々のおかげであると思っております。実際にテムズ川の交通史を研究してみて、河川交通史を研究するうえでは随分多くの場所を訪れる必要があることを実感しました。まだまだ見逃している史料が多くあると思います。ことに運河の場合は、会社関係の史料に的を絞ることも可能でしょうが、河川ですと地域の委員会の管轄となり、そのことが余計に史料が各所に散在してしまっている原因なのかとも思いました。マサイアス先生が、テムズ川の交通を研究するうえでは、「タイム・コンシューミング」な作業を覚悟しておかなければならないといわれたことは、なるほどと思いましたが、それだけにテムズ川を研究したおかげで、史料を求めて各所を旅し、新たな史料に出合う喜び、研究の楽しさを存分に味わえたような気がします。ただ、研究論文をまとめる過程では、史料調査の際に感じた楽しさだけではなく、集めた史料をどう整理し、論点をまとめるかなど、もちろん苦労も数知れずありました。

私に多くの喜びを与えてくれたオックスフォードという場所、テムズ川に感謝するとともに、本日の私の話をご清聴いただいた皆様方に心からお礼を申し上げ、私の話を終わらせていただきたいと思います。


［註1］オックスフォード大学は、二〇〇八年以降、すべてのコレッジが男女共学となった。二〇一九年四月のコレッジ数は三八。

［註2］オックスフォードシャーの文書館は、二〇〇〇年にカウリー（Cowley）に移り、二〇一一年に名称はヒストリー・センター（Oxfordshire History Centre）になっている。

［註3］二〇一九年時点の蔵書数は一三〇〇万冊を超えている。

［註4］二〇〇三年に統合されてナショナル・アーカイブス（The National Archives）になっている。

［註5］*The Thames as Highway*, Oxford University Press, 1989

第五章

一七～一八世紀における
テムズ川の水上交通について

本章は、昭和六二年（一九八七）八月四日に東京都港区の日本学術会議で開催された「第三回水資源に関するシンポジウム」の開会式における特別講演を収録したものである。

研究テーマ設定の理由

一般に水上交通という時に、海や河川を利用するほかに、人の手によって掘削された運河が大きな役割を担っていたことは、周知のことです。英国の場合も例外ではありません。ヨーロッパの河川は、日本の河川と様相を異にしており、内陸交通路としての河川の重要性は、広く認められるところでありました。特に、中下流の流れが緩やかな英国では、一七世紀から一八世紀にかけて大々的に行われた河川改修工事により、航行可能な水域が大きく広がりました。また、現在も英国内にクモの巣を張りめぐらしたように広がっている運河は、一八世紀から一九世紀にかけて掘られたもので、一八～一九世紀は、俗に「運河マニアの時代」と呼ばれています。

このようなことも関係してか、英国の運河に関する研究は、英国の国内はもとより日本でもかなり活発に行われていますが、研究者の関心は、主に運河建設の技術や費用の問題、あるいは運河経営に向けられております。運河を使って実際にどのような物資が動いていたかといった流通史的な研究はあまり多くはなく、研究の対象地域も、イングランド北部に集中しておりました。一方、河川交通に関する研究は、資料収集の難しさも手伝ってか、はるかに少ない状態でした。

以上のような事情に鑑み、私は、一七～一八世紀におけるテムズ川上流での河川改修工事の様子や、一八世紀における物資流通の実態を、物と人、とりわけ石炭およびビールやウイスキーの原料であるモルト（麦芽《ばくが》）と、その取り扱い業者や輸送業者に焦点を当てて研究してみようと思いました。一八世紀に着目したのは、この時期は英国内に産業が興隆し、人々の関心が物資流通の円滑化と迅速化とに集まり、河川の改修と運河の掘削により、水上交通網が整備された時代であること、またテムズ川を選んだ理由は、私が留学していたオックスフォードがまさしくテムズ川流域の都市であり、しかも、優れた図書館、公文書館に恵まれ、資料を比較的収集しやすいと思ったことも付け加えておきます。

ところで、イングランド南部を流れるテムズ川は全長約三四〇キロメートルで、イギリスではセバン川に次いで二番目に長い川です。流域の都市としましては、下流から上流に向かって、ロンドン、ウィンザー、レディング、アビンドン、オックスフォード、リッチレードなどがあります。なお、私が研究の対象としましたテムズ川上流の区間は、主にリッチレードからレディングの間です（第四章74〜75ページの図4－1参照）。

河川改修工事の進展

本日は水資源のシンポジウムでありますので、水がいかに利用されたかという観点から、一八世紀におけるテムズ川の河川改修工事の話を中心に、水上輸送に関与した輸送業者の問題にも若干触れてみようと思います。

まず、一七世紀以前のテムズ川は、どのような状況にあったのでしょうか。一般的にいって、中世のイギリスでは、河川に対する人々の関心は、交通路として利用するというよりも、生活の場として利用することや、動力の源泉として開発することに向いておりました。すなわち、河川は漁民が設置した簗《やな》や、製粉業者が水車用の動力源としての水を確保するために、比較的流れの速い部分に築造した堰《せき》などで分断されていたのです。その結果として、これらの人々と、簗や堰のところに船を通そうとする輸送業者との間で、絶え間ない紛争が繰り広げられました。

一三世紀には、輸送業者と製粉業者との妥協策ともいえるフラッシュ・ロックと呼ばれるものができました。これは、製粉業者などが設けた堰に、船が通れるように開閉式の水門をつけたもののことです。**図5－1**は、テムズ川上流のアビンドンのフラッシュ・ロックです（二〇一四年撮影）。**図5－2**は、一八五九年に描かれたオックスフォードシャーのハーツ堰(Hart's Weir)です。水門が開かれて、船が通過している様子がわかります。

これらの図版からもわかりますように、輸送業者は上流へ遡る場合には、滝のように流れ落ちる水の上を、ウィンチや馬力または人力で、持ち船を引っ張り上げ、また、下流へ下る時には、転覆させないように細心の注意で操船しなければなりませんでした。一方、一度開いた水門から流れ出る水量は膨大なもので、製粉業者は、水車を使用できる水位に回復するまでに長い時間待つ必要があり、さらに、輸送業者の側でも、特に雨量の少ない夏などでは、水位が戻るまで一週間近く待たされるケースもありました。

図 5-1　フラッシュ・ロック

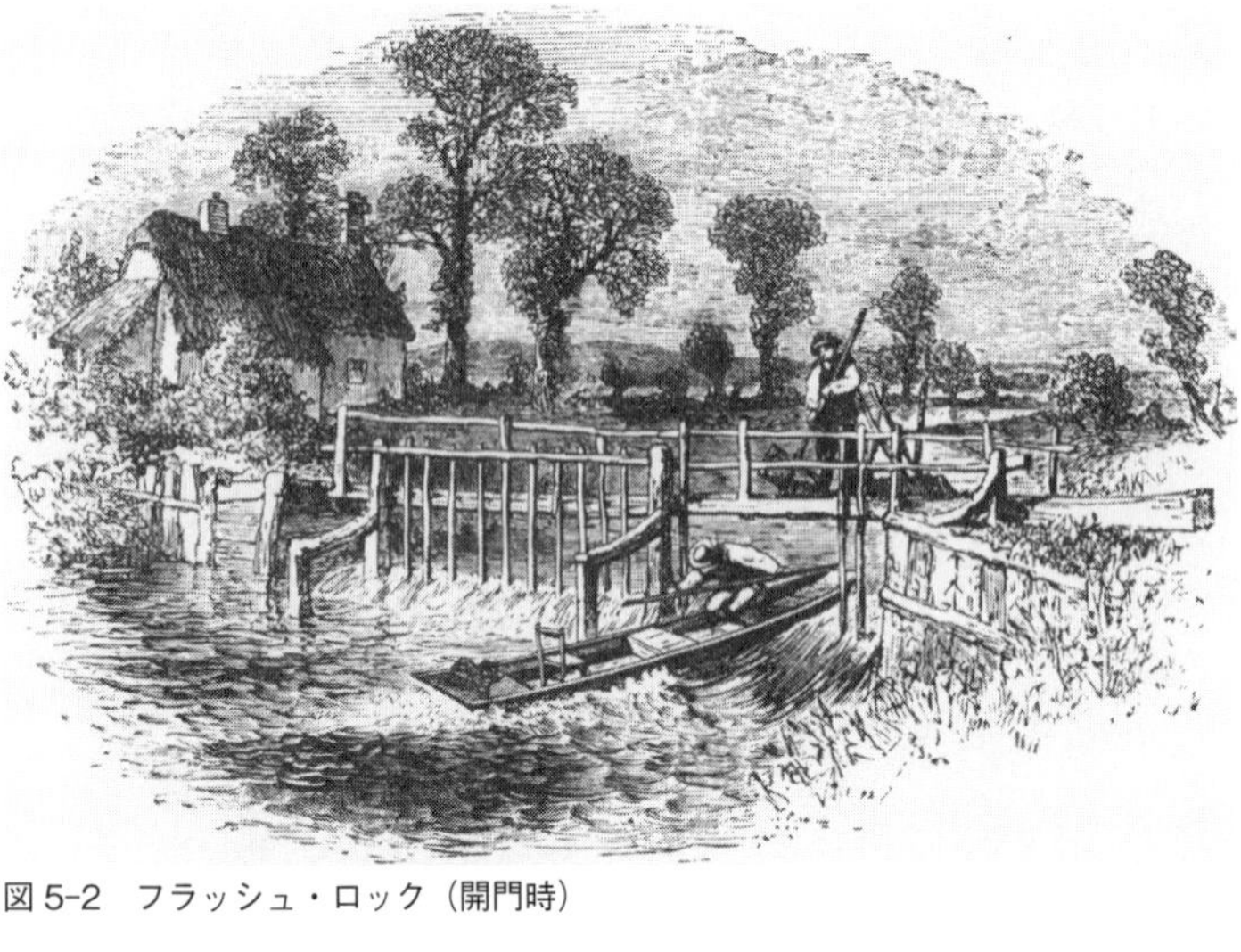

図 5-2　フラッシュ・ロック（開門時）

このほか、川には船舶の航行の大きな妨げとなる浅瀬がいたるところにあり、一六世紀に入っても、テムズ川の水運は、ロンドンからオックスフォードの約二〇キロ下流にあるバーコットまでしか開通しておりませんでした。

テムズ川上流が交通路として重要視されるようになったのは、一七世紀に入ってからのことです。一六〇五年には、オックスフォードとバーコット間の河川改修工事を推進する目的で、最初のオックスフォード・バーコット委員会が設置されます。その後の委員会による河川改修事業は、船の航行の便を図るうえで、決して十分なものではありませんでしたが、オックスフォード近郊で採掘された良質の石材を水路ロンドンへ送り、逆にイングランド北部のニューカッスルから海路ロンドンへ送られた石炭をオックスフォードへ運ぶ目的で、三つのパウンド・ロックと呼ばれる閘門を設けました。

パウンド・ロックは今日でも、河川および運河で多く見られるものですが、いってみれば、小規模なパナマ運河のシステムで、フラッシュ・ロックを一歩進めた形のものであります。**図5―3**は、テムズ川上流のリッチレードにあるパウンド・ロックです。パウンド・ロックは、通常「チェンバー」と呼ばれる煉瓦と石でできた貯水槽の両端に、木製の水門が付けられており、水門の下部に付けられた「パドル」と呼ばれる仕切り板を開け閉めすることにより水を流し、上部あるいは下部に付けられた隣接するチェンバーと同じ水位にし、水門を開け、船を通す仕組みです(**図5―4**)。このパウンド・ロックの発明により、船は傾斜地を、しかも大量の

図 5-3　パウンド・ロック

図 5-4　パウンド・ロックの水門の操作
（オックスフォード運河に設置されたアイシス・ロックにて水門開閉の操作を体験）

水を使わないで上下することができるようになりました。この結果一六三五年には、ロンドンから最初の船がオックスフォードへ上がってきたといわれております（第四章90ページの図4－3参照）。

水路網の整備、拡充

一七五一年以降、テムズ川はロンドン市内を流れる区間を除き、テムズ・ナビゲーション委員会のもとに管轄されることになります。委員会の仕事は、河川航行の便を図るための新たなパウンド・ロックの建設、川沿いに船を曳くために付けられた馬用の小道、これは俗にトーイング・パスと呼んでおりますが、このトーイング・パスの整備、浅瀬の浚渫《しゅんせつ》や、これらの目的を達成するための資金の調達、航行船舶の積載規定の制定などでありました。この結果、オックスフォードから、さらに上流のテムズ川の源泉に近いリッチレードまでも含むテムズ川上流地域に、一七七一年から一八〇〇年までの間に、新たに二三のパウンド・ロックが建設され、トーイング・パスも整備が進みました。これらの河川改修工事に必要な資金の大半は、パウンド・ロックで徴収された通行料で賄われたといいます。

また、運河の掘削も進行しまして、一七九〇年頃には、イングランド中部、スタッフォードシャーに近いコベントリーから掘り進められていましたオックスフォード運河が、オックスフォードでテムズ川と合流しますし、セバン川とテムズ川を結ぶ目的で掘られていたテムズ・アンド・セバン運河が、リッチレードでテムズ川と合流することとなります。この結果としまして、スタッフォードシャーおよび南ウェールズで採れる良質の石炭が、従来のニューカッスルから海路ロンドン経由でオックスフォードへ上がってくる石炭よりも、より安い値段で、オックスフォードを含むテムズ川上流地域にもたらされることとなります。

このような水路網の整備により、テムズ川を航行する船舶は急増し、一七六四年にリッチレードからロンドンに近いメイドンヘッドまで年間三〇〇回だった航行が、一七八六年以降は六〇〇回を上回るようになっております。また、オックスフォード付近の記録に出てくるモルト運搬船の沈没に関する記事も、そのほとんどが、まだパウンド・ロックができていないフラッシュ・ロックのあったところで起こっており、一八〇〇年以降、モルト船沈没の記事がまったくなくなっていることも、パウンド・ロックの建設と関係があるように思われます。

輸送業者と水上輸送の動力源の変遷

次に、水上輸送の実態を紹介しようと思います。テムズ川を航行した船舶と、テムズ・ナビゲーション委員会とは、どのような関係にあったのでしょうか。私の見たところ、委員会は独自の船を持たずに、輸送業にはノータッチであった模様です。といいますのは、私が手元に集めた一七九六年、一八一九年における委員会の支出の内訳を見ますと、交通関係ではパウンド・ロックの管理人および通行料徴収人には報酬が出されているものの、輸送業に関する項目は皆無です。それに反して、興味深いことには、テムズ・アンド・セバン運河では、運河会社が航行する船舶を所有しており、経営面で明らかにテムズ・ナビゲーション委員会と異なっております。

ところで、オックスフォードをはじめとするテムズ川沿いの町や村には、どのくらいの人数の輸送業者がいたかは史料の制約もあり、正確な数字はつかめません。しかし、一七五〇年から一八〇〇年の間のオックスフォード市の新聞をはじめとするいくつかの史料から、少なくともオックスフォードに一九人、リッチレードに七人、アビンドンに一〇人の輸送業者が確認できます。

輸送業者に触れたついでに、それらの輸送業者が用いた船についても一瞥しておきましょう。当時、テムズ川を航行した船舶は、七〇トン以上のバージとそれ未満のボートとに区別されており、オックスフォードをはじめとするテムズ川沿いの町や村で建造されていました。一七六四年の調査では、一五トンから一七〇トンまでの船舶が見られますが、六五トンクラスの船がもっとも多くを占めています。ちなみに、オックスフォードに住むジョン・グレインの持つ一〇〇トンの船は、八四フィートの長さと、一六フィート八インチの幅と、四フィートの深さでした。これらの船はほぼすべてが平底で、先端部が丸くなるように設計されており、推進力としては、帆も使用されていた模様です。しかし、通常は推進力として馬を使用することが一般的で、例えば一二八トンの船が川を下る場合には、馬一頭で済むものの、川を遡る場合には、トーイング・パスの状態にもよりますが、七頭から八頭、多いところで一四頭が必要とされる場合がありました。このような状況ですから、当然航行日数のうえでも、川を下る場合と上る場合とでは違いが出てまいります。例えば、当時ロンドンからリッチレードまでの二三四キロメートルの距離を、下りには通常五日を要したのに対し、上りには八日かかったといいます。

ここで、若干蛇足を加えますが、実は人の足も、当時の運河にあっては、重要な動力源となっています。運河にはいくつかのトンネルを通過する場合がありましたが、その幅は、馬が入れないほどの窮屈なものでした。このような時、船の上に敷かれた板の上に人が横たわり、足でトンネルの側面を蹴って、船を進ませます。トンネルの入り口まで船を曳いてきた馬とその付き人は、トンネルの上部の側道を通り、トンネルの出口で、船が出てくるのを待つ仕組みとなっておりました（図5−5）。

テムズ・アンド・セバン運河には、一七八九年に開通した全長約三キロメートルにもおよぶサパートン・トンネルがあります。このサパートン・トンネルの両端には、当時からパブが建っており、かつては、馬の付き人が、船がトンネルから出てくるまでの時間をつぶすために立ち寄ったといいます。仲間がトンネル内で船の移動のために奮闘している時に、ビールでのどを潤すとは、いささか仲間思いに欠ける気がいたします。

図 5-5　運河のトンネルを人力で通り抜ける船

河川・運河網と産業革命

さて、蒸気機関の発明は、このような風景を一変させました。一九世紀に入り蒸気船が実用化されると、船はもはや馬や人の足を借りずに、どこへでも行けるようになったのです。一八世紀を通して、テムズ川は多くの河川改修工事を施され、さらには、運河とも接続されることにより、以前にも増して活発な物資流通の大動脈となりました。英国全体を見てみましても、一八世紀から一九世紀にかけての運河網の発達は、主要な産業都市間を縦横に結びつけ、ロンドンへの物資供給の便が図られ、蒸気機関の発達とも相まって、産業革命を引き起こす主要因となったことは、疑うまでもありません。しかし、このように隆盛をきわめた「運河マニアの時代」も、鉄道の到来により、その幕を閉じることになります。

本日お話ししたテムズ川およびテムズ・アンド・セバン運河をはじめとするいくつかの運河を、私は英国滞在中、実地に見てまいりました。中には閉鎖され、水が溜まっているだけで、船の姿がまったく見られないものもありましたが、多くは船遊びを楽しんでいる人々で賑わっていました。

図5-6は、私が留学しておりましたオックスフォードのマートン・コレッジ付近を流れるテムズ川の風景です。よく目を凝らして見ていただきますと、この岸辺に、何艘もの船が停泊しているのがおわかりいただけると思います。特に近年、英国ではこのような船を家族あるい

図 5-6　テムズ川の風景

は友人同士でチャーターして、河川から運河、あるいは運河から河川を、短い時で三日間ぐらい、長い時では二週間ほど旅行するといったレジャーが盛んになってきております。こういったレジャーこそ、ある意味では、鉄道到来によりその地位を奪われた河川および運河が再生する道なのかもしれないとも思います。

以上で、私の話を終わらせていただきますが、オックスフォードでの研究を終えて日本に帰りましてから、何人かの方から、「オックスフォードで研究していた下水道の研究は、その後どのように進んでいるか」といった質問をいただき、返答に困ったことがございました。本日、この場でお話をさせていただきましたことにより、私がイギリスで研究してきたものは、下水道の研究ではなくて、テムズ川上流の水上交通史であったということをご理解いただければ幸いです。

第六章

江戸と水運

本章は、平成一八年（二〇〇六）三月一七日にメキシコ合衆国メキシコシティのバナメックスセンターで開催された「第四回世界水フォーラム」の全体会合における基調講演を収録したもので、"Edo and Water Transport"と題して、英語で行われたが、ここではその日本語訳を掲出した。

利根川の東遷

私は、今日まで、日本中世の瀬戸内海の海上交通や一七～一八世紀イギリスのテムズ川の水上交通について研究してまいりました。平成一五年（二〇〇三）に京都で開催された「第三回世界水フォーラム」では、開催地にちなんで、「京都と水運」というテーマのもと、長い間都であった京都が淀川や琵琶湖の水運といかに密接な関係にあったかということをお話ししました。そこで、今回はもう少し時代を下って、現在の首都である東京が、かつて江戸と呼ばれていた頃の水運の話を中心に、どのように東京がつくり上げられてきたかということをお話ししてみたいと思います。そこには、水との長い闘いの歴史が秘められております。

さて、私は昭和五八年（一九八三）から二年間ほど、イギリスのオックスフォード大学に留学し、一七～一八世紀のテムズ川の水運について研究をいたしました。そこでは、産業革命の進展およびそれにともなう首都ロンドンの拡張に、テムズ川やほかの運河の水運がいかに貢献したかということを、テムズ川の河川改修事業の変遷、輸送物資の内容、輸送業者の実態を通して考察いたしました。その中で、私が最初に関心を持ったものが、川や運河に設置された閘《こう》門《もん》（ロック）の存在でありました。

帰国後、日本における水運の研究を続ける中で、日本でも、すでに一八世紀前半には閘門が建設され、広く利用されていたことを知りました。しかも、我が国最古の閘門は、首都・東京の北に隣接する埼玉県にあったことがわかり、驚きました。調べを進めるうちに、この閘門がつくられた背景には、現在の東京、当時の江戸に幕府が開かれるにあたっての、長い水との闘いの歴史が秘められていること、そして、日本最古の閘門の付いた運河である「見沼通船堀《みぬまつうせんぼり》」が、いわばその象徴ともいうべき存在であることに気付きました。

一七世紀初頭の慶長八年（一六〇三）、徳川家康は、現在の東京の地に江戸幕府を開きました。それ以降、一八六八年の明治維新まで、江戸は、徳川家による幕府の所在地でした。家康は、幕府を開設するにあたり、まずお膝元の江戸を水害から守る事業を展開します。当時の江戸には、利根川と暴れ川である荒川が合わさって流れ込んでおり、洪水の危険をともなっていました。そこで、家康は、現在の東京湾に流れ込んでいた利根川を、順次東側に付け替え、江戸を洪水から守ろうとしました。その結果、現在のように利根川は荒川と切り離され、太平洋に直接流れ込むまでに、東に付け替えられたのです。この事業を、「利根川の東遷」と呼んでいます（図6―1）。

このように日本の国土は、日本人が自らつくり出したものともいえます。河川の氾濫、海からの高潮による水害を防御することなしには日本の国土は成り立たないのです。そうして、国土面積のたった一〇％しかない沖積平野の土地利用が進み、人口の五〇％、社会基盤・民間資産の七五％が集積するまでになっています。

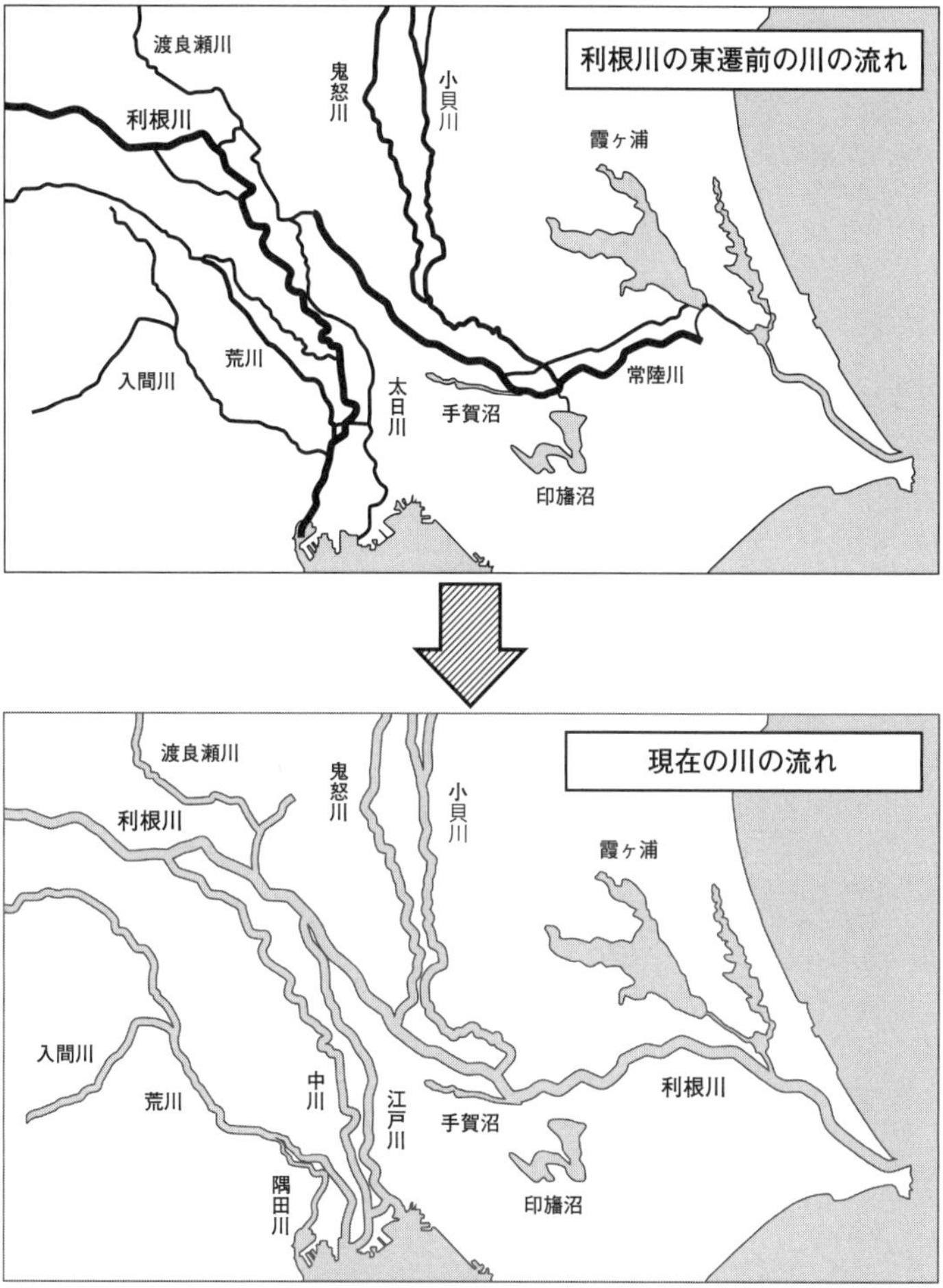

図 6-1　利根川の東遷は江戸時代の最大規模の河川事業

見沼溜井の造成・干拓と代用水

利根川の東遷という流れの中で、広大な沼沢池が出現しました。現在の埼玉県さいたま市にある見沼《みぬま》も利根川の東遷により水量が少なくなっていましたが、ここに寛永六年（一六二九）、長さ八町（約八七〇メートル）の堤（八丁堤）が築かれ、おおよそ一二〇〇ヘクタールの灌漑用水池である「見沼溜井《みぬまためい》」が築造されました（図6－2）。この工事を指揮したのは、当時の関東郡代の伊奈忠治《いなただはる》という人物で、既存の沼に水を補給増強して水源とする「関東流」という手法が採られました。この方法により、八丁堤より下流の地域で水田の開発は進みましたが、耕地の拡大にともない、溜井の水だけでは不足することもありました。一方、大雨の後などは、見沼沿岸の地域では溜めた水が溢れ、田圃《たんぼ》が水没することもありました。

ところで、一七世紀初頭に、江戸に幕府が開設されて以来、江戸には将軍をはじめ、大名、旗本・御家人といった将軍直属の家臣、武士、商工業者、僧侶・神官、そして町人など多くの人々が住むようになり、一八世紀初頭には、江戸の人口は一〇〇万人を超えたといいます。この大消費人口を支えるために、大量の物資を必要としたことはいうまでもありません。江戸への物資の供給には、当時の商業都市であった大坂との間の海運も裨益《ひえき》しましたが、江戸の後背地にあたる関東の耕地の新たなる開発も重要でした。そのような状況で、八代将軍の徳川吉宗の時代に、幕府の財政再建のための新田開発が求められるようになると、広大な見沼溜井が見

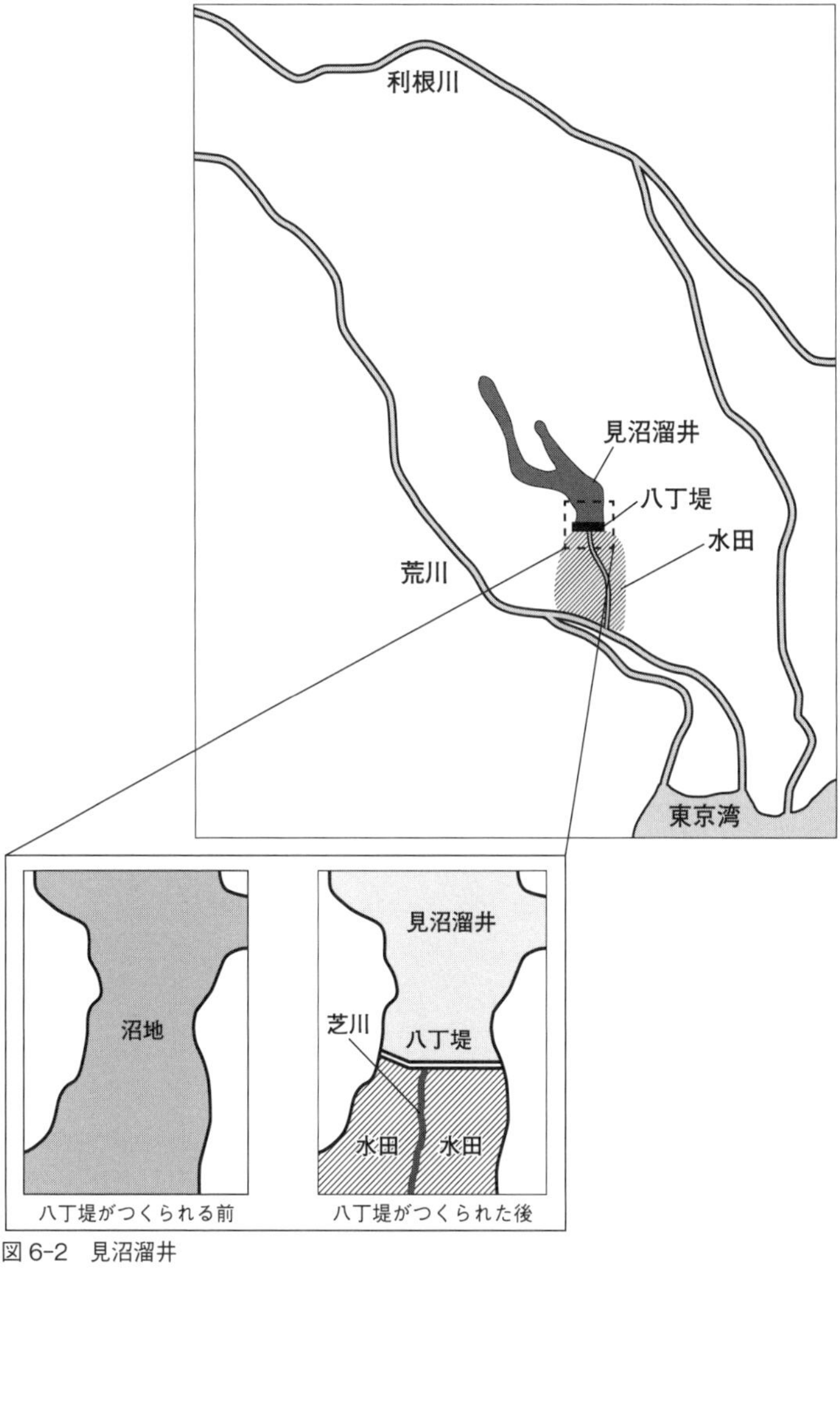
利根川
見沼溜井
八丁堤
水田
荒川
東京湾
沼地
八丁堤がつくられる前
見沼溜井
芝川
八丁堤
水田
水田
八丁堤がつくられた後
図 6-2 見沼溜井

逃されるはずがありません。こうして見沼の干拓がはじまりました。この事業の設計、工事指導にあたったのが、徳川吉宗の出身地の紀州（現在の和歌山県）で土木事業に活躍し、吉宗に登用された、勘定吟味役の井沢弥惣兵衛《やそべえ》為永《ためなが》でした。ここに、一二〇〇ヘクタールの見沼田圃と呼ばれる水田が開発されることとなります。

まず、見沼溜井の八丁堤を切り割り、芝川を通じて荒川へ排水しました。そして、見沼が干拓、新田化されると、新たな灌漑用水源を別途に求める必要が生じます。この対策として、利根川から取水し、長さ約六〇キロメートルにもおよぶ用水路が建設されました。その結果、今までの耕地に加え、新田に対しても灌漑することが可能になったのです。この用水路は、以前の見沼に代わる用水路ということで、見沼代用水と呼ばれるようになりました。見沼が沼沢であった頃から比べますと、見沼代用水が完成し、見沼田圃が開発されたことにより、水田からあがる石高は二倍になりました。同時に、見沼代用水沿いの沼地の開発も行われ、こうして生み出された広大な一万五〇〇〇ヘクタールの農地は、現在でも日本有数の農地として活用されております（図6－3）。ところで、井沢弥惣兵衛のように、既存の沼を廃して新たに用水路を開削し、用水と排水を分離するやり方を、先の「関東流」に対し、「紀州流」と呼んでいます。

見沼通船堀

井沢弥惣兵衛は、この広大な農地と一大消費地である江戸とを舟運で結ぶことを考えました。

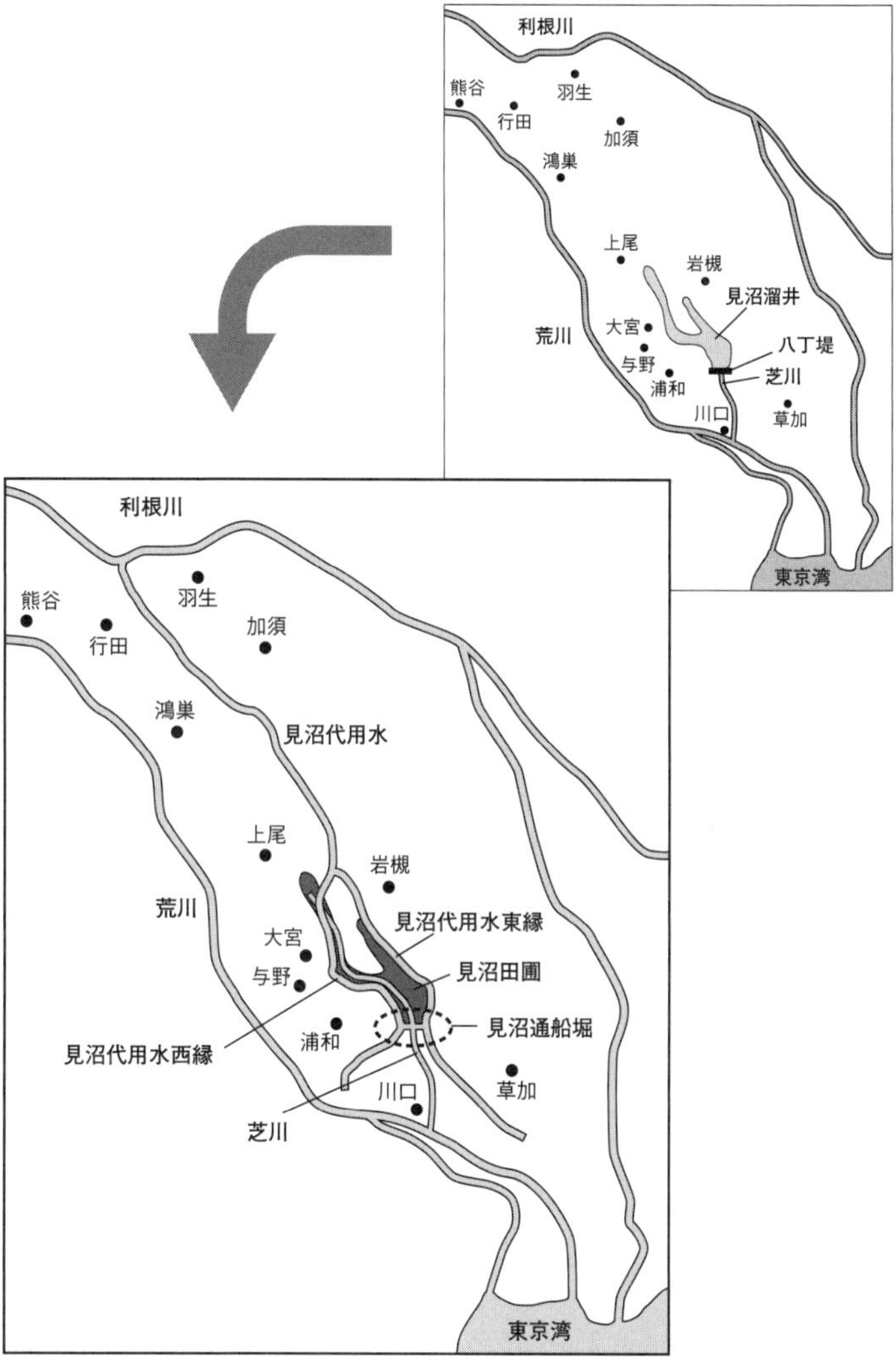

図 6-3　見沼代用水と見沼田圃

ところが、利根川から取水された見沼代用水は、上流部では滔々《とうとう》と流れるものの、水田に取水され尽くしてしまった下流部では流れが細り、船を浮かべることはできません。一方、水田の落ち水を集めた悪水路（排水路）は、下流に行くほど流れが豊富になります。そこで考案されたのが、見沼田圃の下流部で、用水路と排水路を結ぶことです。しかしながら問題はそこに三メートルの水位差があることでした。この水位差を乗り越えてつくられたのが見沼通船堀《みぬまつうせんぼり》です。

見沼通船堀は、東西の代用水路とそのほぼ中間に位置し荒川へと通じる排水路であった芝川を舟運で結ぶために、享保一六年（一七三一）に掘削されたものです。そこには、水位差を克服するために、我が国で初めて木製の二段式閘門が設置されました（図6－4）。すなわち、見沼通船堀は日本最古の閘門式運河といえます。残念ながら、当時の閘門はすでに朽ち果ててしまい、現在見られる閘門は新しく再現されたものです。

通船堀は、江戸と見沼田圃を結ぶうえで最も重要な施設となり、この閘門を通って多くの物資が運搬されました。通船堀を用いた船の往来は、主として代用水の水を農業に使用しない冬場に行われました。見沼田圃からは、米、野菜、木材など、また、江戸からは、肥料、大豆粕、魚、塩などさまざまな物資が輸送されましたが、最も重要なものが肥料でした。当時の最も貴重な肥料は人間の屎尿《しにょう》で、金肥《きんぴ》とも呼ばれ、大事に扱われていました。金肥を専用に運搬する「おわい船」も建造され、江戸の屎尿は無駄に捨てられることなく、循環利用されていたのです。なお、おわい船は昭和時代まで使われていたようです。

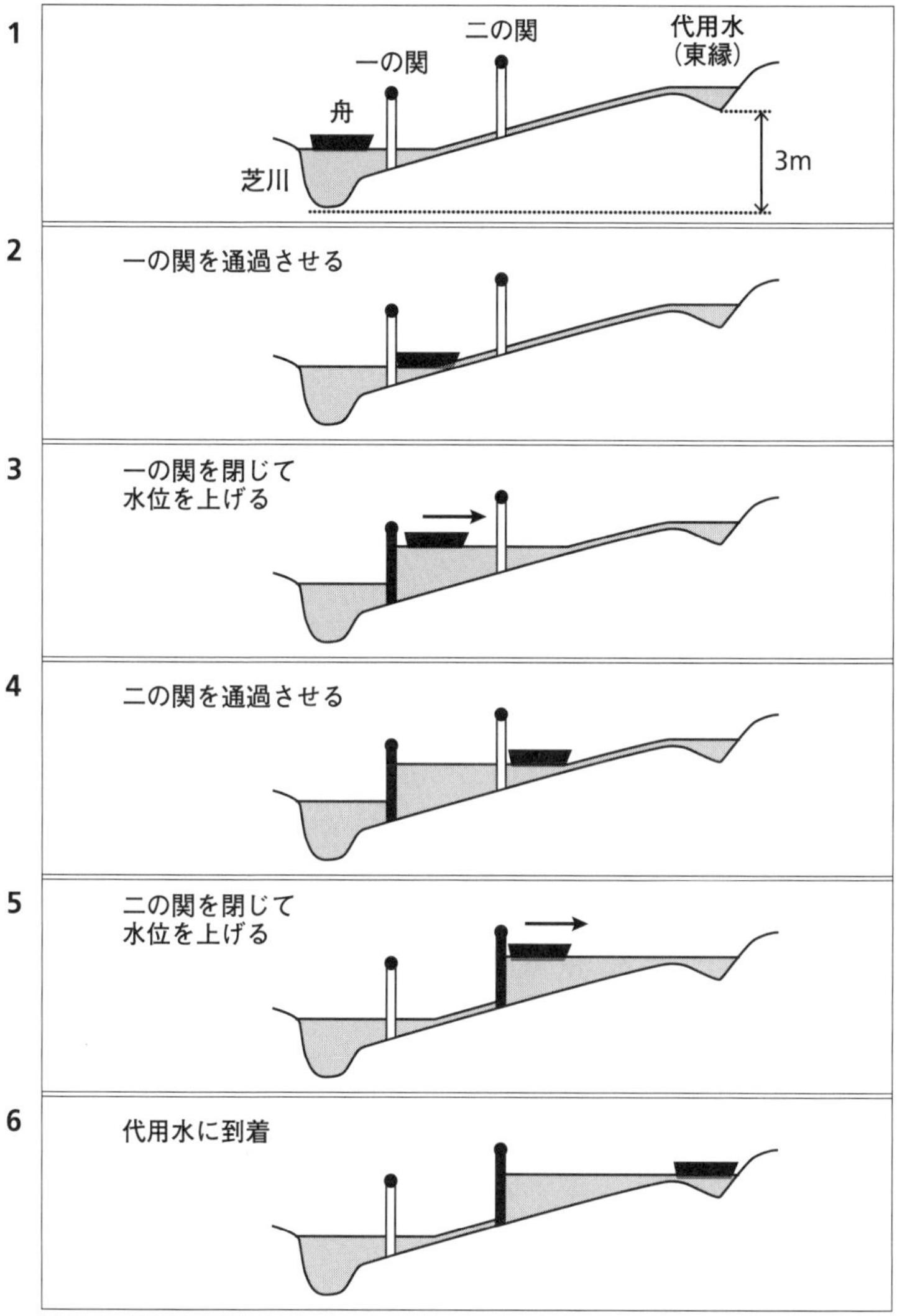
1
二の関
代用水
（東縁）
一の関
舟
3m
芝川
2
一の関を通過させる
3
一の関を閉じて
水位を上げる
4
二の関を通過させる
5
二の関を閉じて
水位を上げる
6
代用水に到着

図 6-4　見沼通船堀

この当時、世界有数の大都市であった江戸は、すでに循環型社会を形成していたのです。まさにヴィクトル・ユーゴーが『レ・ミゼラブル』で嘆いたように、世界では屎尿が川に捨てられている不衛生であった時代に画期的なことでした。

ここで、見沼通船堀の通行の仕組みについて、お話ししたいと思います。図6－4もご参照ください。

①芝川と代用水路との三メートルの水位差を克服するために二つの関が設けられました。

②船が「一の関」を通過する際には、代用水からの強い水の勢いに抗するために、人力で綱を引き船を通過させます。

③船が「一の関」を通過した後に、板を入れて水位を高めます。具体的には、まず板を関の内側に投げ入れます。水の流れに乗り、板は閘門の両柱の方に流れていきます。板には図6－5のように引き手が付いており、水圧を利用し、鈎《かぎ》のある棒で板を立て、閘門の両柱に密着するようにします。このような作業を繰り返し、板を積み重ねていきます。この時、使用される板の枚数は、だいたい一〇枚です。

④「二の関」通過に必要な高さまで水位を上げて、同様に船を引き込みます。

水位を下げる時は、この逆に、板の引き手を棒の鈎でひっかけ、一枚一枚外していくこととなります。ヨーロッパの閘門が開閉式になっているのと、この点は異なっており、この板を取り付けたり、取り外したりすることによって水位の調節をする発想と技術は、まさに日本独自

図 6-5　関の操作方法（板の積み重ね）

のものです。その意味でも、見沼通船堀は世界史的にも意義のある存在なのではないかと思います。

江戸の上水道――多摩川からの導水

一方、江戸では、飲み水の確保も大きな問題でした。関東平野の地盤は固く、地下水の利用は簡単ではありませんでした。また、近くを流れる川の水は最も低いところを流れるために汲み上げなければならず、動力が使えない時代には大量に利用することはできませんでした。このため、高いところにある池や河川の上流で取水し、導水して利用することが目論《もくろ》まれました。江戸では、幕府開闢《かいびゃく》当初から、妙正寺池、善福寺池、井の頭池の三つの池から取水する神田上水が、江戸城や武家、寺社、町人の生活を支えるのに大きな役割を果たしていました。その後、羽村に堰を設けて多摩川から取水する玉川上水が、承応三年（一六五四）に玉川兄弟によって完成され、豊かな水が供給されることとなりました。多摩川の羽村で取水し、四谷大木戸までの四三キロメートルを導水するもので、途中では、千川上水をはじめ多くの分水が行われ、これが先の神田上水とともに、江戸の町を潤し、発展に大きく貢献したことは論をまちません（図6－6）。

なお、現在、東京の水は、玉川上水と同じ多摩川の羽村で取水され、それが山口貯水池（通称「狭山湖」）、村山貯水池（通称「多摩湖」）を経て、都内に分配されています。玉川上水そ

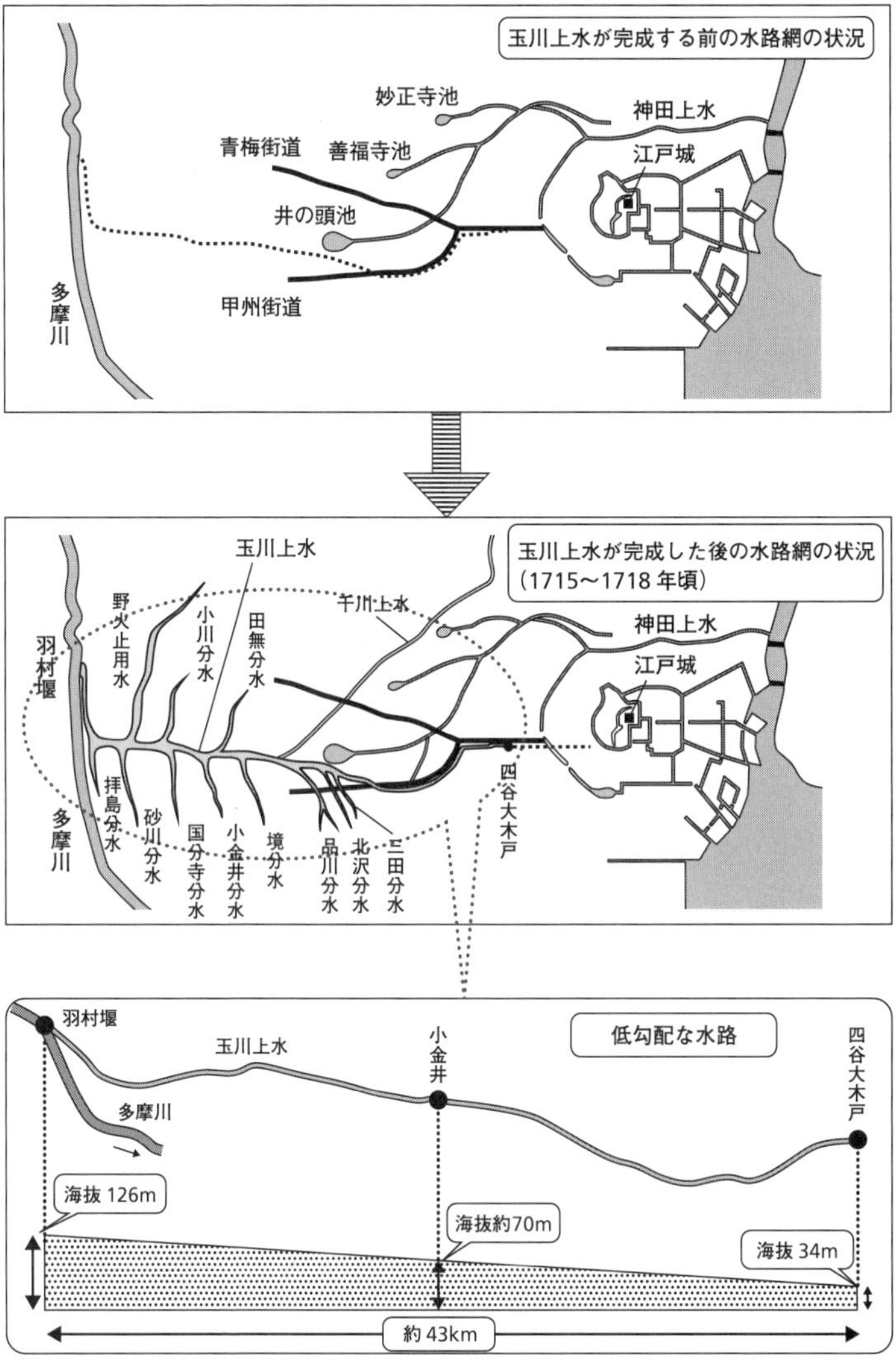

図 6-6　江戸周辺の水路網の変遷

のものは、現在使用されていませんが、羽村で多摩川の水を取水し、分配するというアイディアは、現在も生き続けているわけです。また、昭和四〇年（一九六五）、首都圏の水不足を補うため、利根川と荒川を結ぶ武蔵水路の通水が開始されましたが、そこでも見沼代用水路の一部が使用されています。今までお話しした見沼通船堀にしろ、玉川上水にしろ、過去のものというにとどまらず、時を超えてすぐれて現代にも生き続けているように思われます。私が訪れた、イギリスの運河についてもレジャー用として、あるいは水の供給手段として、現在もその命脈を保っています。フランスの運河、例えば、一九九六年に世界遺産に登録されたミディ運河についても、その施設が大事に保存されつつも、現在も現役の施設として活用されているといいます。

以上、日本の江戸郊外の耕地の開発、その地域と江戸とを結ぶ水運の発達、そして、江戸を潤した上水道の話など、人と水との多様なつながりについてお話をしてまいりました。現在の世界の水問題は、大変厳しい課題が山積する状況にあります。その解決は、世界全体の喫緊の課題であり、国際社会が一致して、強固な連携を図りつつ、ことにあたる重要さは今さらいうまでもありません。しかし、その解決策は、その地方、その河川流域ごとに異なるはずです。その地域の先人たちが、数百年、場合によっては数千年の時をかけて、営々として築きあげてきた歴史があります。その流れに沿って構築されるべきものでありましょう。それぞれの地域の歴史と伝統が尊重されなければ、本当に地域に役立つものとはならないはずです。

見沼通船堀の現地に立つと、今後の日本において、あるいは世界において水問題を考える方向を指し示してくれているように思われます。このような施設が、世界のそれぞれの地域に残っているはずです。それらを保存し、活かすことが、それぞれの地域に最も相応しい水問題の解決策を見つけることにつながるように、私には思えるのです。

第七章

水災害とその歴史

――日本における地震による津波災害をふりかえって

本章は、平成二四年（二〇一二）一月二八日に東京都新宿区の学習院女子大学で行われた学習院女子大学国際文化交流学部の「日本文化演習Ⅱ、Ⅳ」「国際コミュニケーション演習Ⅱ、Ⅳ」「海外研修Ｂ」および同大学大学院国際文化交流研究科の合同授業における講義を収録したものである。

なお、本章中「東日本大震災と大津波」「正平（康安）地震と阿波・摂津の津波被害」に関わる部分には、講義後の被災地訪問を踏まえた感想などを追記した（【補足1】【補足2】【補足3】【補足4】）。

「水と災害」について

昨年（平成二三年〔二〇一一〕）に引き続き、今年も「水」について、皆さんとご一緒に考えていきたいと思います。昨年のこちらでの講義から、わずか一年しか経っていないのですが、その間に世界を揺るがす大災害が各国で多発し、わが国でも未曾有の大津波が東日本を襲いました。昨年三月一一日、マグニチュード九・〇という巨大地震が発生し、東日本を中心に今年一月一〇日の時点で、死者一万五八四四名、行方不明者三四五〇名、東京電力福島第一原子力発電所の事故にもつながり、かつてない大きな被害を日本にもたらしました。現在も多くの方々が、厳しい避難生活を余儀なくされており、その影響は日本のみならず、世界におよんでおります。亡くなられた多くの方々に心から哀悼の意を表します。そして被災された方々に心からお見舞いを申し上げますとともに、一刻も早い復旧・復興を願わずにはおられません。

昨年の講義に出られた方は、覚えておられるかと思いますが、前回は、自然界の水が地球全体を舞台に大きく循環していること、これを「水循環」と呼ぶことをお話しいたしました。そのうえで、この水循環の中で水が私たち人間の生活にもたらすプラスの役割について主に述べました。今回は、水が人に与える主としてマイナスの側面、「水と災害」についてお話ししていきたいと思います。

「水と災害」という言葉からは、洪水や渇水、土砂災害や津波などがイメージされますが、「水と災害」をテーマとして考えるためには、大きく二つの問題が設定できると思います。一つは、いうまでもなく水災害の被害をいかにして軽減するかという問題です。もう一つは、今回はあまり触れることはできませんが、災害時においていかに水を確保するかという問題で、ハイチの地震災害でも大きな社会問題となりました。このように、災害は水問題を考える時に最も重要な課題の一つだと思います。

特に私たちが注意しなければならないのは、近年までその大きな被害がアジア・太平洋地域に集中していたことです。例えば、死者数で見れば、本地域の犠牲者が全世界の八割を占めております。このため、ともすれば「水と災害」は、アジア・太平洋地域に特有の問題と見なされ、ほかの地域では水に関する主要テーマとは見なさない傾向があるようにも感じております。

しかし、事態は大きく変わりつつあります。近年、アジア・太平洋地域外でもアメリカ、フランス、ブラジルなど世界の各地で大きな水災害が多発しております。このように、最近では水災害が欧米を含む世界で頻発しはじめ、世界共通の課題という認識が広まりつつあります。

そのような中でも、昨年タイ王国で発生した大水害は、世界の注目を集めることとなりました。チャオプラヤ川（図7－1）の洪水です。今回の洪水は、タイ王国の首都バンコクを直撃しました。チャオプラヤ川の流域面積は利根川のほぼ一〇倍もあり、上流には大きなダム・貯水池も建設されています。決して治水に努力が払われていなかったのではありません。

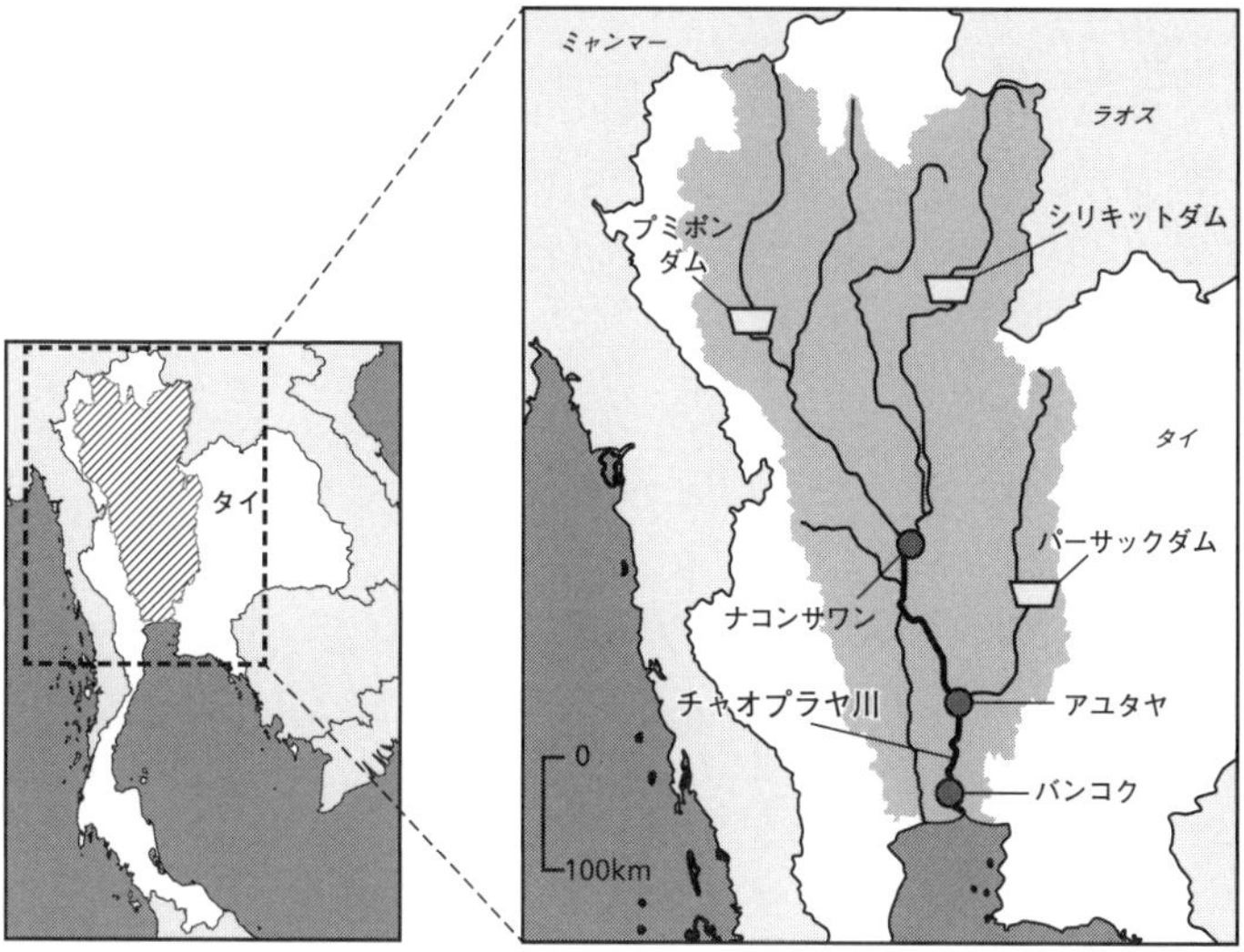

図 7-1　チャオプラヤ川とその流域

昨年六月から九月にかけての四か月の降水量は、インドシナ半島のほとんどの地点で平年の約一・二倍から一・八倍を記録し、チャオプラヤ川の下流域で大規模な浸水が発生しました。首都バンコクや古都アユタヤが立地する下流域は広大な低平地であり、バンコクとその上流約一〇〇キロメートルのアユタヤの間の標高差は、わずか二メートルしかありません。それだけに、この洪水による被害は、きわめて大きなものがありました。死者・行方不明者が八〇〇名を超え、空港の閉鎖、鉄道・地下鉄の不通、道路の通行止めなど、交通機関にも大きな影響を与え、多くのタイ国民が洪水被害に長期間にわたって苦しむこととなりました。同じ災害に苦しむアジアの一員として、亡くなられた方々に心から哀悼の意を表しますとともに、被災者をはじめとする関係の方々にお見舞いを申し上げ、一刻も早い復旧・復興を願っております。

さらに、今回の出水では下流域に建設された多くの工業団地が浸水し、その影響がタイ王国内にとどまらず世界に拡大しました。自動車関連産業やハイテク産業など多くの分野の日本企業がこの工業団地に進出していましたが、チャオプラヤ川の浸水で操業停止に追い込まれました。部品の製造停止は、製品全体の製造停止を意味します。サプライチェーンが寸断されてしまうからです。日本国内での製造も停止したことは、皆さんもご存じの通りです。

いずれにしても、今回のタイ王国での事例が示すように、かつては一国内にとどまっていた水災害の影響が、国の枠を越えて世界経済に影響を与えるまでになりました。企業活動がグローバル化した今日、災害の影響は国の枠を越えて世界の国々におよぶようになったのです。

平成二三年（二〇一一）、国連は世界の人口が七〇億人を超えたと発表しました。六〇億人を超えたのはわずか一三年前の平成一〇年（一九九八）です。この地球規模での急激な人口増加は、水利用を限界近くまで推し進めることにつながり、今までなら問題にならなかったような降水量の小さな変動が、大きな影響を与えることもあります。また、これまで洪水を恐れて人が住まなかった土地に人が定住をはじめた結果、洪水被害が世界中で頻発する事態につながっております。ともすれば、水問題は流域単位で閉じているように見られてきました。しかし、人間の活動が流域を越えて広がると、その影響も流域を越えて広がるようになります。このような事態にいかに対処するのか、新たな危機管理の問題が浮上したともいえましょう。

さらに、地球温暖化がもたらす影響が危惧されています。温暖化が進むと、海面上昇や、雨の降り方が豪雨と少雨の両極端にシフトして、洪水や渇水が頻発しかねないと懸念されています。温暖化が単なる大気の温暖化のみにとどまるなら、寒冷地帯の土地利用にはプラスの影響も考え得るかもしれません。しかし、水を通じての影響を考えると、その影響はマイナスが目立つことになるようです。

水災害の発生が世界全体に拡大するとともに、ひとたび発災するとその影響が一国を越えて世界に広がるようになりました。世界はまさに新しい段階に入りつつあるといえましょう。水災害は、世界が協力して取り組まなければならない重要な国際問題の一つとなったのです。

このような事態に立ち向かうには、アジア・太平洋地域に位置し、多種多様な水災害を経験し、悲惨な状況に追い込まれるたびに、たくましく立ち上がってきた日本の経験はきわめて貴重です。それに学ぼうとする思いが、世界に広がっているように感じます。

東日本大震災についても、世界の人たちが今回の災害の多くの犠牲者を悼み、心から支援の気持ちを持つとともに、日本がどのようにこの災害に立ち向かい、克服するかを注視しているように思います。被災された方々が力を合わせて困難を乗り越えようとする姿に、世界中から感動と激励の言葉が数多く寄せられています。

東日本大震災と大津波

それではここで、東日本大震災についてお話ししたいと思います。

今回の震災では、巨大な地震動にはなんとか耐えた沿岸域の構造物も、大津波には抵抗できず、甚大な被害が発生する光景を目の当たりにすることになりました。あらためて、水がもたらす破壊力の恐ろしさを私たちは思い知らされ、水問題の一つとして、地震による津波に注目する重要さを認識させられたのではないでしょうか。

現在、被災地では災害復旧と災害復興に向けて、あらゆるレベルで真摯な努力が続けられています。その状況は、メディアをはじめいろいろなチャネルを通じて、皆さんにも日々届いているかと思います。その際に大事なことは、自分の頭で考えることだと思います。ほかからの情報を鵜呑みにするのではなく、できるだけ多くの情報を集め、それを自分で整理し直して、自分なりの見方や考え方を持つことが大切だと考えます。その意味で、ここでは今回の大津波の発生前後に撮影された航空写真をお見せすることにいたします。お手許の写真、スクリーンの写真を両方ご覧になりながら、何が起こったのかを自分なりにお考えになってみていただきたいと思います。これらの写真は、大津波の発生前にたまたま空撮していた東北建設協会が、大津波の後に、ほぼ同じルートを飛行して撮影したものです。震災前後の航空写真は、今回の大津波を自分の頭で考えようとする人々に、貴重な情報を提供してくれるはずです。単なる航空写真として眺めるのではなく、被災された方々の痛みを自分のものとして受け止めつつ、お考えいただければと思います。

●岩手県宮古市田老地区（図7－2）

田老《たろう》地区（旧田老町）は、明治以降だけでも、明治二九年（一八九六）、昭和八年（一九三三）と、複数回の壊滅的な津波被害を受けてきました。その時の様子については、吉村昭氏の小説『三陸海岸大津波』にも書かれていますので、あるいはお読みになられた方もおられるかと思います。しかし、この旧田老町は、その都度たくましく立ち上がり、営々と防災対策に努力を重ねてきた地区として知られます。その結果、昭和三五年（一九六〇）のチリ地震津波に対しては、人的被害を発生させないなど、絶大な効果を発揮しましたが、残念ながら今回は大きな被害を受けてしまいました。

ご覧いただいているように、漁港区域内の堤防は、ところどころで破壊されていますが、画面左側の堤防は残っています。しかし、この堤防すら乗り越えた津波は、市街地や漁港を襲い、甚大な被害をもたらしたのです。

また、被災後の航空写真を見ると、左側の市街地の道路が高台までまっすぐに延び、格子状に配置されている様子がおわかりいただけるかと思います。これは、津波災害時の避難を考えてのものです。さらに、画面左下の松林に注目して見比べていただきたいと思います。堤防の内側に位置していた松林が完全に姿を消し、被災後は堤防の後ろにも水が溜まっています。堤防を乗り越えた津波が、堤防の後ろの土砂をえぐり取ったのです。津波の持つ破壊力をこの写真から感じ取っていただけるのではないでしょうか。これらの松林の多くは、昭和三陸地震津波（昭和八年［一九三三］）の後に整備されたものです。それ以降八〇年にわたって海浜を護ってきた松林も、今回は各地で壊滅的な被害を受けてしまったのです。

【補足1】私は、平成二八年（二〇一六）六月に、雅子とともに宮古市田老地区の津波防潮堤や市の防災学習の拠点となっている震災遺構「たろう観光ホテル」を訪ねました。現地において、津波の恐ろしさや津波被害の甚大さを再認識するとともに、防災の取り組みについてもお話をうかがい、災害の記録や教訓を後世に伝えていくことや、地域全体で自然災害に備えることの大切さを強く感じました。また、高台に新しく整備

図 7-2　岩手県宮古市田老地区（航空写真）上：被災前、下：被災後

された三王団地に入居されて新たな生活をはじめられた方々ともお話をし、これまでのご苦労をお聞きするとともに、新居での生活への希望もうかがうことができました。このような新たな生活への希望が着実に実を結んでいくことを願っています。

●岩手県陸前高田市高田松原（図7―3）

陸前高田市の海岸部の見事な松林が、完全に消滅してしまった様子をご覧いただけるかと思います。私も雅子とともに、昨年（平成二三年［二〇一一］）八月五日に、大船渡市へお見舞いにうかがうヘリコプターから、陸前高田の被災状況を見ましたが、海に向かって開けた町はことごとく破壊され、その中に一本だけ生き残った、いわゆる一本松が立っていた姿が目に焼きついています。この一本松は、被災された陸前高田の方々を大変に勇気づけてくれたのですが、残念ながら生き残らせることはできないようです。その後、いくつかの機関において、この一本松を「希望の松」として保存し、引き継いでいく取り組みがなされているとうかがっています。それらの取り組みがこのたびの震災からの復興の象徴として、大切に進められていくことを願っています。

昨年の大晦日に、陸前高田市で犠牲者の鎮魂と復興を祈願するための花火が打ち上げられる模様をテレビで見ましたが、大変な状況の中にありながら、暗い町に打ち上がる花火を住民の方々が感慨深げに眺めている姿が印象的でした。

図 7-3　岩手県陸前高田市（航空写真）上：被災前、下：被災後

図 7-4　岩手県大船渡市（航空写真）上：被災前、下：被災後

●岩手県大船渡市（図7－4）

私たちは、高校の校庭に設けられたヘリポートでヘリコプターを降り、市役所を経由して海岸部へ向かいましたが、途中、ここまで津波が来たという地点を過ぎ、津波がいかに深く入ってきたかを知って、とても驚きました。海岸部の建物の多くは津波で流されており、その被害の大きさは、ひと言ではいいあらわせないものがありました。住み慣れた家ではない、仮設住宅での暮らしには不自由なことも多いと思われましたが、住民の皆さんで自治会などの組織をつくり、力を合わせて困難な時を乗り越え、前へ進んでいこうとされている姿に深い感慨を覚えました。

●宮城県仙台空港（図7－5）

宮城県仙台市の南の名取市と岩沼市にまたがっている仙台空港（現在は仙台国際空港）です。私たちが六月四日に県南部の山元町《やまもとちょう》をお見舞いに訪れた折には、この空港に降り立ちました。飛行機が降下を開始するにつれて、目の前に広がる光景に思わず息を呑みました。沖の防波堤は壊され、海岸部の松並木はことごとく倒され、家があったと思われるところはさら地になっていました。

図 7-5　宮城県仙台空港（航空写真）上：被災前、下：被災後

図 7-6　宮城県名取市閖上（航空写真）上：被災前、下：被災後

●宮城県名取市閖上（図7－6）

閖上《ゆりあげ》の町並みが数棟のマンションを除いて完全に消失しています。津波は大きな河川では勢力をあまり減衰することなく遡上します。名取川を遡った津波の強大な破壊力を思わずにはいられません。

【補足2】私は、平成二九年（二〇一七）一一月に、雅子とともに名取市閖上の閖上中央第一団地や東日本大震災慰霊碑を訪ねました。閖上中央第一団地では、同年七月から入居がはじまるなど、災害公営住宅の整備を含む復興事業が進み、被災された方々が安心して暮らせる環境が整いつつあることに、安堵いたしました。被災された方々ともお話をしましたが、大きな被害にあった地域で苦労されながらも、皆さんがお互いに助け合って前に進んでいこうとされる姿に勇気付けられました。

●福島県相馬市松川浦（図7－7）

海岸線に並行する松林は壊滅的な打撃を受けていますが、直交する松林は、高台に生えているためなのか、そのまま残っているようです。そして、半島部の家屋被害も、右下の低地部は壊滅的な被害を受けておりますが、松林の内側は被災程度が小さいように見えます。

私は、この航空写真を見ながら、平成二三年（二〇一一）九月二七日に「巨大水災害に関す

図 7-7　福島県相馬市松川浦（航空写真）上：被災前、下：被災後

る国際フォーラム―東日本大震災を踏まえて―」を聴講した折の、立谷秀清《たちやひできよ》相馬市長の基調講演を思い出しました。巨大で強大な大津波という相手を前に、住民の安全をあずかる現場第一線の行政責任者として立ち向かわれたご苦労のほどが思い起こされます。

航空写真は、いろいろな情報を与えてくれます。その情報をどのように読み解くか、どのように使うかは、受け手に任されます。皆さんがお考えになる際の参考になれば幸いです。

【補足3】この講義（平成二四年〔二〇一二〕一月）の後、私は雅子とともに、岩手県、宮城県、福島県の被災地を、今日まで計六回訪問しました。これらの訪問を通じて、復興に向けての取り組みが一歩一歩進んでいることを目にすることができ、嬉しく思いました。同時に、応急仮設住宅などにお住まいの方々も依然としていらっしゃるなど、いまだに多くの方々が不自由な生活を余儀なくされていることや、子供たちを含め被災された方々のサポートが引き続き大切な問題として残っていることも案じています。復興への道のりが今後も順調に進み、被災された方々の一人ひとりが安心して暮らせる日が一日も早く来ることを心から願っております。

歴史上の地震による津波について

今回の東日本大震災の大津波に関連して、歴史上起きた大津波に注目が集まっています。特に、震源地や規模が似ていることから貞観《じょうがん》一一年（八六九）の「貞観地震」に焦点があたりました。皆さんの中にもテレビや新聞で取り上げられているのをご覧になった方もおられると思います。私自身、日本中世の水上交通史や世界の水問題をライフワークにしたいと思いながら、日本での地震による津波災害の歴史については、今まであまり多くのことを知りませんでした。しかし、東日本大震災の発生以来、水問題を手がける者として、また歴史を研究する者として、何かお役に立てないものかという思いもあり、この分野にも関心を持ちはじめました。

そこで、地震による津波災害の事例として、古代の貞観地震と中世の三つの地震についてお話ししたいと思います。

古代の大津波——貞観地震

貞観地震は、日本の正史である六国史《りっこくし》の一つ『日本三代実録』に記事があり、陸奥国（青森県・岩手県・宮城県・福島県・秋田県北東部）を中心に甚大な津波被害をもたらしたことが知られています。古い時代の記録というのは、とかく都であった奈良や京都とその周辺地域の出来事に集中しがちです。その意味では、『日本三代実録』のこの記事は、珍しく、都から遠く離れた東北地方で発生した地震を伝えるものとして貴重であり、三陸沿岸を襲った地震についての最古の記録でもあります。先ほども述べましたが、東日本大震災との共通点も多く、特に津波被害の甚大さで重なります。国立天文台編『理科年表（平成二四年第八五冊机上版）』（以下の記述はすべてこの版によります）では、この地震を「貞観の三陸沖地震」の名のもと、震央を北緯三八・五度、東経一四四度、マグニチュード八・三としています。あわせて三陸沿岸での被害を、「城郭・倉庫・門櫓・垣壁など崩れ落ち倒潰するもの無数。津波が多賀城下を襲い、溺死約一千。流光昼のごとく隠映すという。三陸沖の巨大地震とみられる」と記述しています。

この記述の根拠の一つとなった文献史料を詳しく見てみましょう。まず『日本三代実録』の記事を見ていきます。

『日本三代実録』（貞観一一年五月二六日条）

「廿六日癸未、陸奥国地大震動、流光如昼隠映、頃之、人民叫呼、伏不能起、或屋仆圧死、或地裂埋殪、馬牛駭奔、或相昇踏、城墎倉庫、門櫓墻壁、頽落顛覆、不知其数、海口哮吼、声似雷霆、驚濤涌潮、泝洄漲長、忽至城下、去海数十百里、浩々不弁其涯涘、原野道路、惣為滄溟、乗船不遑、登山難及、溺死者千許、資産苗稼、殆無孑遺焉」（『（新訂増補）国史大系4日本三代実録』吉川弘文館、一九六六年）

これを読み下してみましょう。

「二十六日癸未《きび》、陸奥国の地大いに震動す。流光昼の如《ごと》くに隠映《いんえい》す。しばらくして、人民叫《きょう》呼《こ》し、伏して起《た》つこと能《あた》はず。或《あるい》は屋仆《たお》れて圧死し、或は地裂けて埋殪《まいえい》す。馬牛は駭《おどろ》き奔《はし》りて、或は相昇り踏む。城郭・倉庫、門櫓《もんろ》・墻壁《しょうへき》は、頽《くず》れ落ち顛覆《てんぷく》すること、その数を知らず。海口《かいこう》は哮吼《こうこう》し、声は雷霆《らいてい》に似る。驚濤《きょうとう》は涌潮《ようちょう》し、泝洄《そかい》して漲長《みなぎ》り、忽《たちま》ちに城下に至る。海を去ること数十百里。浩々《こうこう》としてその涯涘《がいし》を弁ぜず。原野・道路、すべて滄溟《そうめい》となり、乗船に遑《いとま》あらず、登山に及び難し。溺死する者千ばかり、資産・苗稼《びょうか》、殆ど孑遺《けつい》するものなし」

難しいのですが、現代語に訳してみます。

「二六日、みずのとのひつじ、陸奥国の地面が大きく震動した。流れ出る光が昼間のように陰ったり晴れたりするように見える。しばらくの間、人々は叫びあい、地面に伏して立つことができなかった。或る者は、家屋が倒れてきて圧死し、或る者は、地面が裂けて埋もれて死んでしまった。馬や牛は驚いて暴走して、互いに踏みあったりした。城郭や倉庫、門楼や築地塀は崩れ落ち、ひっくり返ったものの数は知れなかった。港は吼え立てて、その声は雷鳴のようであった。波は激しくとどろき、潮は涌くように満ちて、流れを遡り、水位を上げて溢れ出し、たちまち多賀城の城下におよんだ。海岸線から数十百里を離れるまで、水面が広がって、どこが海陸の境界なのかわからない。原野や道路もすべて大海原になってしまった。船に乗る時間もなく、山に登ることもできず、溺死者は千ばかりにものぼり、家や土地などの資産や田畑の作物は何一つとして残ることはなかった」

一つ注意していただきたいのは、当時の「陸奥国」の範囲はきわめて広い、ということです。現在の福島県以北の東北地方の太平洋側全体を指します。それだけ広大な陸奥国の地全体が大震動し、大きな被害を発生させました。それが「陸奥国地大震動」との文章表現に込められているように感じます。そこに巨大な津波が襲ったのです。約一一五〇年前に今回の東日本大震災の大津波と似たような状況が生じていたのです。

九世紀まで遡ると、文献史料はごく限られます。地震に関する記述となるとさらに絞られ、貞観地震に関する文献史料は『日本三代実録』が唯一といっても過言ではありません。したがって、文献史料を補う意味でも、地質調査の成果はとても大切です。産業技術総合研究所活断層・地震研究センター（ＡＦＥＲＣ）の報告書『平安の人々が見た巨大津波を再現する―西暦八六九年貞観津波―』によれば、貞観地震による津波は、当時の推定海岸線に対して、石巻平野では少なくとも三キロメートル、仙台平野の仙台市で少なくとも二キロメートル、同じ仙台平野の名取市・岩沼市では少なくとも四キロメートル、南相馬市で少なくとも一・五キロメートル、内陸部に入ってきています。

先の『日本三代実録』の記述によれば、津波は海から「数十百里」の城下まで達したことになります。これは、例えば当時の百里を現在の距離に換算しても、約五〇キロメートルという桁違いの数字になってしまいます。こういう文言の修飾はよく使われますから、具体的な数字にこだわることなく、津波がいかに巨大であったかを読み取ればよいと思います。

ところで、昨年（平成二三年〔二〇一一〕）一二月五日の毎日新聞の「余録」は、地震学者のロバート・ゲラー氏の興味深い説を紹介しています。

皆さんは、百人一首にある、「ちぎりきな　かたみに袖を　しぼりつつ　末の松山　波越さじとは」という和歌をご存じでしょうか。この和歌の作者は、『枕草子』で有名な清少納言の父、清原元輔《きよはらのもとすけ》です。「末の松山」は歌枕で、現在の宮城県多賀城市の高台に比定されていますが、ゲラー氏は「波越さじとは」の部分に着目し、清原元輔が生まれる四〇年前に起こった貞観地震津波でさえ、決して越えることはなかった「末の松山」と、自分以外の人に恋心を移すことのない約束とを掛けていると読み解きます。そのうえで、「その高台を『恋の契り』とからめるところに、日本人の深い文学性を感じる」と記されています（ロバート・ゲラー『日本人は知らない「地震予知」の正体』双葉社、二〇一一年）。

「末の松山」と貞観地震津波との関連については、ほかにも文献があるようです。外国人の地震学者が、日本文化の貴重な結晶であり、またカルタ遊びでも親しまれる「百人一首」に、大津波の恐怖と教訓がひそんでいると解釈されていることに惹かれます。皆さんは、これについてどう思われるでしょうか。

中世の大津波

中世になると史料は大幅に増えてきます。公的な文書に加えて、貴族が綴る日記類、後にまとめられた編纂物、あるいは物語などの文学作品といった多くの文献史料が伝わるようになります。とはいえ、近世以降と比べると得られる情報が格段に少なく、中世の巨大地震に光があてられることは少ないようです。それでも注意深く眺めると興味深い事例も見えてくるように思います。

ここでは、中世に起こった地震として、南北朝時代の正平一六年［康安元年］（一三六一）の地震、室町時代後期の明応七年（一四九八）の地震、そして戦国時代も終わり豊臣秀吉の天下統一が迫る天正一三年（一五八六）の地震を取り上げてみたいと思います。これらの地震について取り上げるにあたって、正平（康安）および明応の地震については、私も研究者として関心のある、港の被害を中心に見ていきたいと思います。

正平（康安）地震と阿波・摂津の津波被害

まず、正平一六年［康安元年］の地震について『理科年表』は、本震の二日前に畿内諸国で起こった地震を、前震の可能性が高いとしたうえで、次のように記します。

「一三六一年八月三日（正平一六年六月二四日）」。震央は「北緯三三・〇度、東経一三五・

○。マグニチュード八と四分の一〜八・五」「畿内・土佐・阿波：摂津四天王寺の金堂転倒し、圧死五。その他、諸寺諸堂に被害が多かった。津波で摂津・阿波・土佐に被害、特に阿波の雪（由岐）湊で流失一七〇〇戸、流死六〇余。余震多数。南海トラフ沿いの巨大地震と思われる」

この地震について書かれた文献史料としては、貴族の日記類として三条公忠《きんただ》が書いた『後愚昧記《ごぐまいき》』、柳原忠光の『忠光卿記』、近衛道嗣《このえみちつぐ》の『愚管記《ぐかんき》』や、軍記物ですが『太平記』などがあります。本来は日記類を読むのがよいのですが、難しいといいますか、多少取っつきにくいところもありますので、皆さんにも多少親しみを持っていただいていると思われる『太平記』を取り上げることとします。

『太平記』は、史料としての価値が多少下がるとされる軍記物ではありますが、正平（康安）地震について「大地震《だいじ しんならびになつゆきのこと》 并 夏雪事」とわざわざ章を設けて述べています。ここでは、阿波の「雪の湊」、次に摂津の「難波浦《なんばのうら》」での被害の状況が記されています。

『太平記』（巻第三十六、大地震并夏雪事）

「同年の六月十八日の巳《み》の刻より同十月に至るまで、大地をびただしく動いて、日々夜々に止《や》む時なし。山は崩れて谷を埋《うづ》み、海は傾いて陸地《くがち》に成りしかば、神社仏閣倒れ破れ、牛馬人民の死傷する事、幾千万と云《い》ふ数を知らず。すべて山川・江河・林野・村落この災に合はずと云ふ所なし。中にも阿波の雪の湊《みなと》と云ふ浦には、俄かに太山《たいざん》の如《ごと》くなる潮 漲《うしほみなぎり》 来て、在家《ざいけ》一千七百余宇《よう》、悉《ことごと》く引塩《ひきしお》に連れて海底に沈みしかば、家々に有る所の僧俗・男女、牛馬・鶏犬、一つも残らず底の藻屑《もくず》と成りにけり」（『日本古典文学大系36 太平記』岩波書店、一九六二年）

六月から一〇月にいたる長期間の全国の被害概況を伝えた後に、阿波の「雪の湊」で一七〇〇戸を超える家々の僧俗男女が、一人も残らず津波に呑み込まれて海底に沈んだ様子が語られています。また、地震が長期間にわたったことも記されていますが、今回の東日本大震災でも余震は長く続いており、皆さんにも容易に理解できることなのではないかと思います。

さて、「雪の湊」が津波で消滅したとの記述は、『太平記』の史料としての信頼性に議論があるだけに、物語特有の誇張かも知れません。しかし、新潟大学の矢田俊文教授は、『中世の巨大地震』（吉川弘文館、二〇〇九年）で①雪の湊（由岐《ゆき》湊）が『平家物語』にも登場すること、②土佐沖を通り九州にいたる流通ルートの存在がさまざまな史料から確認でき、太平洋沿岸の阿波南部にそれなりの湊が存在してもおかしくないということから「文学としての誇張があるとしても、由岐湊は、在家一七〇〇余宇以上の家数を持つ大きな湊で、その湊のすべてが、地震による津波で波にさらわれ、海に沈んだとする『太平記』の記述は、それほど間違っていない」との説を出されています。

また、産業技術総合研究所関西センターの寒川旭《さんがわあきら》氏は、『地震の日本史（増補版）』（中公新書、二〇一一年）で「この津波による六十余名を合葬して一三八〇年（康暦二）に建立した碑

（康暦碑）が美波町《みなみ》（旧名は由岐町）に現存していることから、大津波の存在は確かである」と指摘しておられます。

【補足4】私は、平成三〇年（二〇一八）六月に徳島県の美波町を訪れ、この康暦碑を実地に見聞してきました。高さ約一・六メートル、幅約七〇センチほどの砂岩でできた石碑の表面には、今では見えにくくなっていますが、釈迦三尊を示す梵字と、その下に六〇余名の人々の名前、康暦二年（一三八〇）一一月二六日という日付、写経して塔婆を立てて供養したことなどが刻まれています。おそらく、この石碑は、正平一六年［康安元年］（一三六一）に起こった大地震と、それにともなう大津波で亡くなった人々を供養するために建立されたものだと思われます。刻まれた人名は、写経を行った僧侶やこの供養のために尽力した人々である可能性が高いようです。ちなみに、この康暦の碑は、日本における津波被害に関する現存最古のものといわれています。この時の訪問では、徳島県内のほかの地域でも、過去の津波災害に関する石碑や史資料を見ましたが、それらが、地域でしっかりと保存・管理され、さらには住民の防災教育にも活かされていることを知り、心強く思いました。

平成二三年（二〇一一）末に公表された「南海トラフの巨大地震モデル検討会」の「中間と

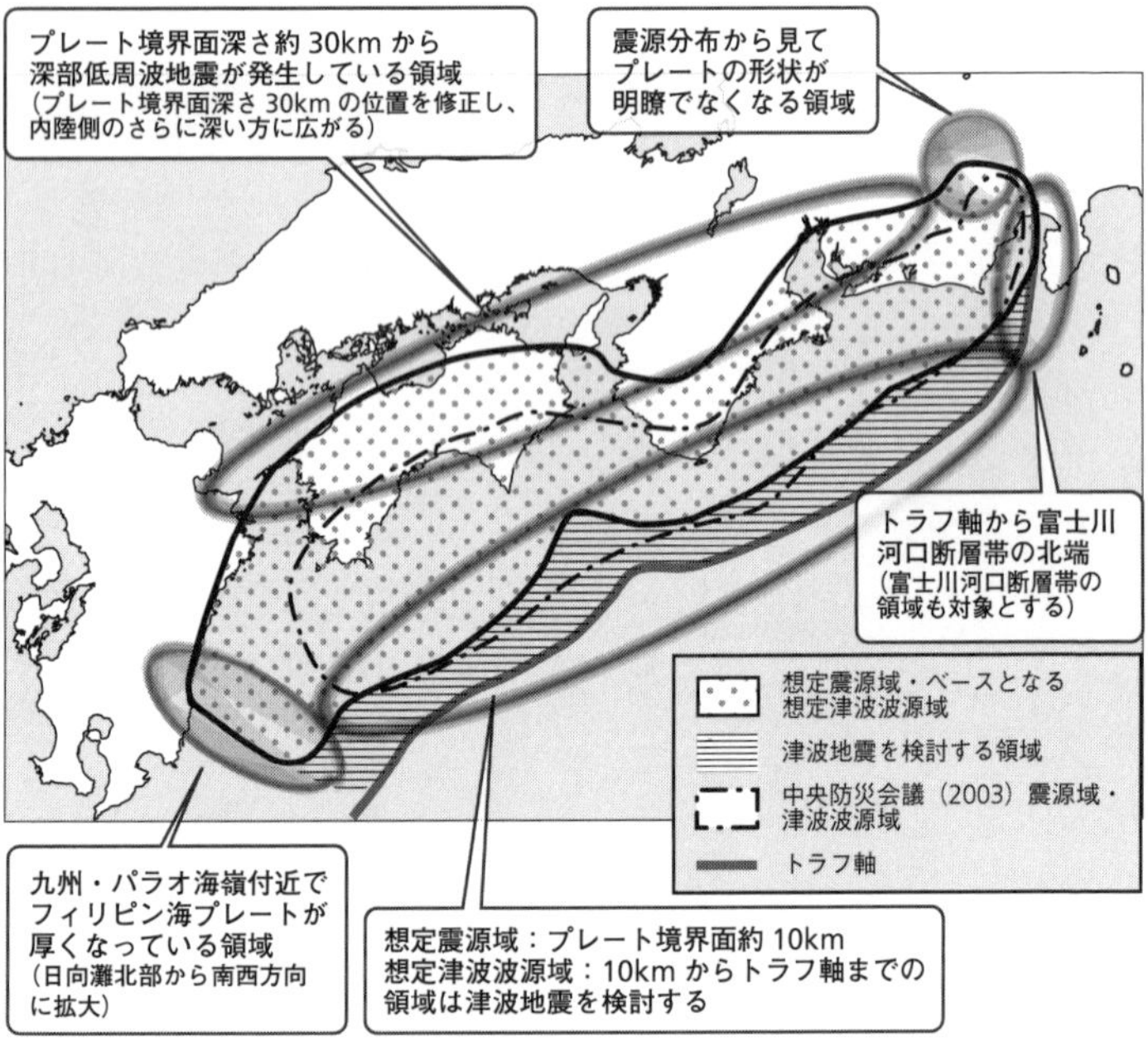

図 7-8　南海トラフの巨大地震想定震源域

りまとめ」によれば、図7−8のような広大な震源域が想定されています。由岐湊はまさにこの震源域の上にあります。南海トラフの巨大地震が引き起こした大津波となれば、繁栄した湊を根こそぎにした可能性も十分にあり得るのだと思います。

さらに、『太平記』の先ほどの部分の続きには、摂津の難波浦（現在の大阪市内）の津波被害についての悲しい挿話も記されています。潮が引いた浜で無数の魚が跳ねる様子を見た数百人の漁民たちが、浜に降り立って魚を拾ううちに、にわかに大きな山のような潮（津波）が満ちてきてすべてを呑みこんでしまったという話です。

津波には多くの伝承があります。その一つが「異常な引き潮の後に津波が来る」というものです。『太平記』が伝える内容は、まさにこれに合致しています。しかし、引き潮がないままに津波が襲ってくる例もありますので、この点は注意が必要です。

また、昭和八年（一九三三）の昭和三陸地震津波の後、被災地の岩手県宮古市浄土ヶ浜に「大地震の後には津浪が来る」と刻まれた記念碑（「昭和三陸大海嘯記念碑」）が建立されました。ところが、昭和三五年（一九六〇）のチリ地震津波では、日本では地震が感じられないのに津波が襲ったのです。このため、「地震がなくとも潮汐《ちょうせき》が異常に退いたら津波が来るから早く高い所に避難せよ」との記念碑が建てられました（図7−9）。

二つの記念碑が、岩手県宮古市の浄土ヶ浜では並んで立っておりましたが、東日本大震災で、過去の貴重な教訓を伝える昭和三陸地震の記念碑の方は流失してしまいました（その後再建さ

図 7-9　岩手県宮古市浄土ヶ浜の２つの津波記念碑。左は、昭和８年（1933）の昭和三陸地震津波の後に建立、平成 23 年（2011）の東日本大震災で一時流失したが、同年に発見、再建された。右は、昭和 35 年（1960）のチリ地震津波の後に建立された。（平成 28 年［2016］撮影）

れています）。今回の津波がいかに大きかったかがおわかりいただけるかと思います。

明応地震と東南海の津波被害

次に、中世で最大の津波被害を引き起こしたと推測されている、明応七年（一四九八）八月二五日の明応地震についてお話ししたいと思います。『理科年表』は、明応地震を南海トラフ沿いの巨大地震と見なし、震央を北緯三四・〇度、東経一三八・〇度、マグニチュード八・二～八・四と推定しています。被害に関しては、被災範囲を東海道全般としたうえで、「紀伊から房総にかけての海岸と甲斐で振動が大きかったが、震害はそれほどでもない。津波が紀伊から房総の海岸を襲い、伊勢大湊《おおみなと》で家屋流失一〇〇〇戸、溺死五〇〇〇、伊勢・志摩で溺死一万、静岡県志太郡で流死二万六〇〇〇など」と具体的な数字をあげて、津波被害の甚大さを説明しています。

この明応地震は、文献史料が伝える津波の被害が東海道に偏り、「東海地震」「東南海地震」としてとらえられてきたのに対し、四国における発掘調査が進むにつれて「南海地震」の同時発生の可能性が指摘されるようになってきています。中世の地震の評価は、調査が進むにつれて新しい展開が見られます。つまり、まだまだ研究途上にあるといえるでしょう。

明応地震の場合は、近衛政家の『後法興院記《ごほうこういんき》』や山科言国《ときくに》の『言国卿記』、三条西実隆の『実隆公記』、また奈良興福寺の大乗院門跡の門主である尋尊《じんそん》の日記『大乗院寺社雑事記《ぞうじき》』など、比較的多くの日記が残っています。これらの日記は、京都近郊の地震動については記すものの、津波被害については伝えていません。かろうじて『後法興院記』のみが、約一か月後の九月二五日条で、先月の大地震の日には伊勢・三河・駿河・伊豆に大波が打ち寄せて、海辺「二、三十町」、つまり海岸から約三キロメートルの範囲の家屋がことごとく水に浸かって、溺れ死んだ人・牛や馬はその数が知れない、前代未聞のことである、と記しています。被災地は、伊勢から伊豆までの広い範囲におよんでおり、東海道諸国からの災害報告が発生から一か月後にやっと届いたのでしょう。

ここでは、伊勢や浜名湖での被害について概略を述べてみたいと思います。

伊勢の安濃津《あのつ》は、現在の三重県の県庁所在地である津市近辺に開けた中世の伊勢における最大の港町であり、物資の集散地とされています。その所在地については、砂洲の発達状況や発掘調査により、津市街地の南方に位置する安濃津柳山遺跡付近と推定されています。

この地を明応地震の約四半世紀後に通った連歌師の宗長《そうちょう》は、その日記『宗長手記』に、この場所は一〇数年来荒野となって、四〇〇〇～五〇〇〇軒あった家やお寺は跡が残っているだけであると書き残しています。当地には念仏道場をはじめ多くの寺院があり、物資の集荷地として賑わう中世都市でした。その地が大津波で壊滅的な被害を受けた様子が、宗長の文章からもうかがい知れます。壊滅した安濃津の機能は場所を移して復興され、それが現在の「津市」へと発展していったのですが、両者の位置はさほど離れてはいないようです。

伊勢の大湊は現在の伊勢市にあり、宮川と五十鈴川《いすずがわ》に挟まれた河口に開けた港町で、宇治山田の外港として大いに賑わっていました。その港町が地震・津波によって壊滅的な被害を受けた様子は、『内宮子良館記《ないくうこらかんき》』という史料に、このたびの大地震による高潮（津波）で大湊では家が一〇〇〇軒余り流され、人も五〇〇〇人ばかり流されて亡くなった、と記されています。この史料については、後の時代の編纂物でありますから、具体的な数字の信頼性には多少疑問は残りますが、伊勢地域が甚大な津波被害を受けたことは間違いなさそうです。

私は、この地域に対して特別の関心があります。『船々聚銭帳《ふねぶねしゅうせんちょう》』と呼ばれる史料があるからです。『船々聚銭帳』は、永禄八年（一五六五）一一月一〇日から翌年の六月までに大湊に入港した約一二〇艘の船について、入港料をいくら徴収したかの記録です。

これを見ますと、交流範囲は伊勢湾周辺が主ではあるものの、遠江や関東にまでおよんでおり、大湊がとても賑わい栄えていた様子がうかがえます。大湊の地は、明応地震津波から七〇年近くが過ぎた頃までには、大津波による壊滅的な被害から立派に復興していたのです。

一方、浜名湖では、湖岸にあり、繁栄していた港湾都市・橋本が消滅したと考えられています。かつて、浜名湖と太平洋を結んでいた浜名川に橋が架けられ、架橋地点の周辺は港町として大いに繁栄していました。橋本はその浜名橋にちなんだ地名で、水上交通と陸上交通が交差する要衝の宿として大いに栄えていたのです。

私が学習院大学の史学科で日本中世史を学んでいた頃、ゼミの授業で『吾妻鏡《あずまかがみ》』を読みました。『吾妻鏡』は鎌倉幕府の公的な歴史書とされていますが、その中の建久元年（一一九〇）一〇月一八日条に、源頼朝が京都に向かう途中で、この橋本に立ち寄った様子が出てきたのを懐かしく思い出します。

頼朝は、橋本の多くの遊女にたくさんの土産をわたすのですが、それに先立って梶原景時《かげとき》に和歌の上の句を詠みかけ、景時が下の句を付けた連歌をつくっております。

はしもとの　君にはなにか　わたすべき　頼朝
ただそまかはの　くれてすぎばや　景時

意訳すれば、頼朝が「橋本の遊女たちへの土産は何をわたそうか」と詠んだのに対し、景時は「木の皮のような（つまらない）ものでもやって、さっさと通り過ぎましょう」とこたえたわけです。特に、この景時の付け句ですが、「そまかは」の「杣《そま》」とは、伐り出したばかりの木材をいい、「くれ」（榑）はあまり加工していない木材と、物を与えることを意味する「くれ」とを掛け、「すぎ」は、木の「杉」と、「過ぎ」る、を掛けています。水運の宿にちなんだ木材関係の言葉がちりばめられており、技巧的で非常に面白く、当時の武士というのは、単に勇ましいだけではなかったことを示しているように思います。また、遊女といっても和歌や漢詩に長じ、『和漢朗詠集』を口ずさむ者もいたようです。頼朝・景時の席に連なり、一緒に和

図 7-10　浜名湖

歌を楽しんだのかも知れません。

頼朝がこの橋本を通った年からほぼ三〇〇年後、明応地震津波がこの地を襲い、橋本宿は消滅してしまいます。そんな運命が待っていたとは、ゼミに加わっていた時には思いもつかないことでした。

この地震後、浜名湖の地形などが大きく変わりました。**図7－10**は浜名湖の河口の現在の姿です。河口は大きく広がり、太平洋と直接つながっています。明応地震津波によって、浜名湖は河口部分が大きくえぐり取られて汽水湖に変わり、非常に賑やかで活気に満ちていた橋本は消滅してしまいました。その後、近接する今切《いまぎれ》・新居《あらい》に場所を移して、港自体は復興されたようです。

さらに、この地震による四国での被害についても少し触れてみようと思います。文献史料に基づく研究はまだですが、発掘調査が進められています。

高知県の四万十市では、アゾノ遺跡の発掘調査により、一四世紀後半から一五世紀前半までの青磁碗《せいじわん》や須恵器甕《すえきかめ》などの破片が多く含まれる配石遺構を、噴砂が引き裂いている様子が確認されます（**図7－11**）。一一世紀から一五世紀末まで続いた生活の痕跡が、地震によって途絶え、人々の居住地が移転したものと推測されています。明応地震の被害が、四国でも深刻な影響をおよぼしていたことがわかるわけです。

以上見てきたように、明応地震では、同じ南海トラフ上に位置する東海地震・東南海地震だ

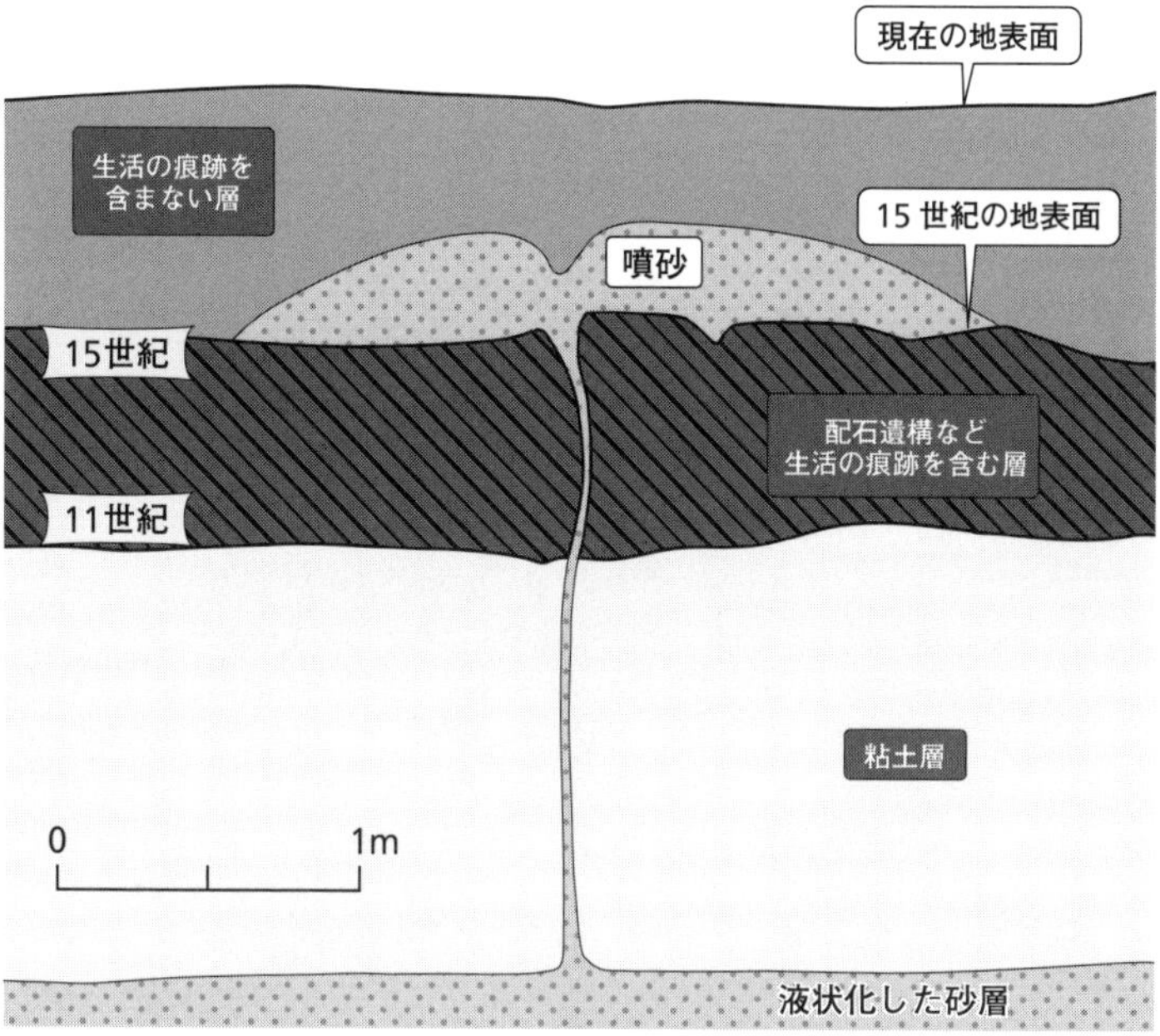

図 7-11　高知県四万十市アゾノ遺跡の液状化跡（断面図）

けでなく、南海地震の震源域も連動した可能性が指摘されており、これが甚大な津波被害につながったようです。

文献史料研究の進展と発掘調査の成果とを合わせ見ることによって、地震津波の被害の実態をより正確に描き出すことができるようになってきました。それにともない、壊滅的な被災からの復興の過程に光をあてることもまた可能になるのではないでしょうか。今後の調査研究のさらなる進展に期待したいと思います。

天正地震と近畿・東海・北陸の津波被害

最後に、皆さんもよくご存じの豊臣秀吉が遭遇した、天正地震についてお話ししてみたいと思います。この天正地震は、天正一三年一一月二九日（一五八六年一月一八日）の夜中に発生した地震であり、『理科年表』は、震央を北緯三六・〇度、東経一三六・九度、マグニチュードはほぼ七・八としています。そのうえで、「震央を白川断層上と考えたが、伊勢湾とする説、二つの地震が続発したとする説などがあり、不明な点が多い。伊勢湾に津波があったかもしれない」と注記しています。

この地震による被害は、広い範囲におよんでいます。現在の岐阜県の白川郷（世界遺産に登録された合掌造りで有名）にある帰雲城《かえりくも》および城下の町が地震による土砂崩れで埋没し、琵琶湖畔の長浜城では、山内一豊の一人娘の与禰《よね》が、建物の下敷きになって亡くなったなどの悲話も伝えられています。これについては、平成一八年（二〇〇六）にNHKの大河ドラマで放送された「功名が辻」の中でも地震の場面が出て来たように記憶しています。ちなみにこの時、関白であった豊臣秀吉は、琵琶湖畔の坂本で地震に遭遇しています。

次に、皆さんとご一緒に天正地震について書かれた史料を読んでいきたいと思います。以下、天正地震の史料は『大日本史料』第十一編之二十三（東京大学、二〇〇二年）によります。

まず京都の吉田神社の神主である吉田兼見《かねみ》の日記『兼見卿記』です。この吉田兼見は天文四年（一五三五）生まれの公家です。古今伝授で有名な細川幽斎は、その従兄弟にあたります。

『兼見卿記』（天正一三年一一月三〇日条）

「二十九日の地震に壬生《みぶ》の堂壊《こわ》る、所々の在家ゆり壊れ、あまた死すと云々、丹後・若州・越州浦辺波を打ち上げ、在家悉く押し流る、人死する事数を知らずと云々、江州・勢州以てのほか人死すと云々」

この日記から、京都でも壬生寺の堂舎が壊れ、一般の家屋も壊れて多くの死者が出たことがわかります。また、日本海側の丹後・若狭・越前などを津波が襲って家を押し流すとともに、多くの人命を奪った様子が伝わってきます。

もう一つ『舜旧記《しゅんきゅうき》』という日記を読んでみたいと思います。これは吉田兼見の弟で僧侶であった神龍院梵舜《しんりゅういんぼんしゅん》の日記です。

『舜旧記』（天正一三年一一月二九日条）

「二十九日、夜半時分に大いに地震ふ《ちふる》ことやや久し、明くる日までかくのごとくなり、近国の浦浜の屋、皆波に縊（溢）れてあまた人死するなり、その後日々に動くこと十二日間候なり《そうろう》」

この『舜旧記』は、近国の浦浜の家屋と人とが波（津波）に呑まれた様子や、余震が毎日のように起こり、一二日間にもおよんだことを伝えています。文面から、これは地震の当日や翌日ではなく、後日に書いたことがおわかりいただけることと思います。

さて、天正地震が起きた天正一三年（一五八六）には、すでにキリスト教の宣教師が日本での布教をはじめており、ここに私たちは、日本人以外の人々の天正地震についての目撃談や体験談も知ることができるのです。

永禄六年（一五六三）に来日したポルトガル人のイエズス会士で、『日本史』の著者としても知られるルイス・フロイスが、インド管区長であったヴァリニャーノ――このヴァリニャーノも日本で布教活動をして九州の諸大名に「天正遣欧少年使節」の派遣を勧めたことや、活版印刷機をもたらしたことでも知られております――に宛てた書簡を読んでいきたいと思います。

「本年一五八六年一月の初めに、堺及び都から以遠にかけて人々が未だ見聞した記憶がなく、さらに古い歴史書においても読んだことのないほどの甚だ異常で恐るべき地震があった。何故なら、日本においては諸国で度々こうした地震があるけれども、今度の地震は桁外れに大きく、人々に異常な恐怖を与え、彼等を驚かせたからである。私達の暦の一月の何日かに当たる日本の第十一の月の第一日に大地が震動し始めた。いつも経験するような揺れ方ではなく、流れを横断して行く船のように左右に揺れて四日四晩止むことなく続いた。人々は動転して我を忘れ、敢えて家の中にいようとはしなかった。何故なら、堺の市中のみで倉六十が倒壊し、その中で多数の人々が死んだからである。それより四十日間にわたって地震は時々起こったが、震動のない日は殆どなく、地下に生じた身の毛のよだつ甚だ恐しい轟音を伴なった」

余震がずっと続いている様子が、ここからおわかりになると思います。

「地震が破壊した土地の被害は甚大であったので、それは信じ難いほどである。ここにはそれを目撃した人たちがのちに私達のパードレ（＝神父）達に語った主なことだけを書き留めることにする。

近江国の、信長の時代に関白殿（＝豊臣秀吉）が居住した最初の地である長浜と称する城地には、千戸からなる町があったが、地面が震動して裂け、家屋の半数が人々と共に呑み込まれ、それが天空からの火であったのか、人間によって引き起こされたものであるのか知る由もないが、残りの半数はまったく同じ時に発火して焼けてしまい、灰燼《かいじん》に帰した。都では、家屋数軒と壬生の堂と称する大きな神社が倒れた」

ここからは津波の記事のようです。

「若狭国には海の近くに長浜（『大日本史料』の編纂者は小浜の誤記かとしています）と称するたいへん大きな別の町があって多数の人と商品が行き交っていたが、数日間震動したのち、町全体が恐しいことに山と思われるほどの大きな波浪（津波）に覆われてしまった。そして、その引き際に家屋も男女もさらっていってしまい、塩水の泡に覆われた土地以外には何も残らず、全員が海中で溺死した。

美濃国には大垣という名のたいへん有名な城があった。そこにはかつてパードレ・グレゴリオ・デ・セスペデスがいたが、それは山の上にあったので、震動し始めると、城と山が崩れ落ちて下方に沈んで見えなくなってしまった。このため、その場所には沼だけしか残らなかった。伊勢国では他にも大きな地震があって、驚くべき破壊があった。それらの中で、亀山と称する別の城は大混乱を来たして倒壊した。これらの諸国では、小銃の射程ほどの長さの大きな亀裂をもったいくつかの裂目が地面にできた」

「小銃の射程ほど」とは、外国人らしい感覚ですね。

「そして、これらの裂目からはたいへん鋭く嫌悪すべき悪臭を放つ、ある種の泥乃至《ないし》黒土が噴き出し、道行く者たちはこれに耐えることができないほどであった」

これについては、液状化があったとも考えられますが、まだ今後調べる必要があるかと思います。

「これらの地震の始めには、関白殿は近江の湖（琵琶湖）に近い坂本の明智（光秀）がかつて所有していた城にいたが、その時に行なっていたことすべてを放り出して馬を乗り継いで急いで大坂に避難した。それは、そこが彼には最も安全な場所と思われたからである。

彼の建物は揺れはしたが倒壊はしなかった。しかし、甚だ宏大で美しかった彼の弟の美濃殿（羽柴秀長）の屋敷は倒壊した。堺の町の異教徒達は、四階建ての私達の家屋が高層であるために倒壊する最初の建物になると考えていたが、私達の主はそれが起きないように計られた」

宣教師たちは、当時堺で四階建ての建物に住んでいたことがわかりますし、「主はそれが起きないように計られた」というのがいかにも宣教師らしい文章だと思います。

以上見てきたように、中世に発生した大津波は海上交通の拠点的な港湾都市に壊滅的な被害を与えました。それだけでなく、大津波は往々にして河川や海岸の地形そのものを大きく変貌させ、後の復旧や復興をますます困難なものにしたようです。しかし、東日本大震災からの復興に資するためにも、今後は災害から立ち直ろうとしてきた先人たちの営みに注目した調査が必要となるでしょう。限られた文献から見る限り、場所を移転して復興した例が多いように思いますが、古代や中世の技術力や経済力を考える時、壊滅的な被害を受けた同じ場所で復興するのはきわめて難しいことだったのでしょう。

歴史から学ぶ

東日本大震災のような巨大津波をともなう地震は、千年単位の長い期間をおいて繰り返し起こっており、古い時代の災害に学ぶことはきわめて重要です。これは地震津波による災害に限られることではありません。巨大な水災害は、長い時間をおいて繰り返し起こります。古い時代まで遡りその実態に迫る努力は、今後の「水と災害」の諸問題を克服するために欠かすことはできないのです。それとともに、私たちが来るべき災害に対処する意味でも、災害に遭った経験を忘れることなく未来に語り継いでいかねばならないと思います。

先の宣教師の書簡は、私たちに大切な示唆を与えてくれます。地震が続いた間、さらにその数日後までは地震以外のことは話さなかったが、それから数か月もしないうちに何事も起こらなかったかのように地震の話は人々の話題から消えてしまった、というのです。「災害は忘れた頃にやってくる」という言葉には、災害を忘れることなく語り継ぐことの重要性が込められているようにも思われます。

たまたまになりますが、私は平成二一年（二〇〇九）にトルコ共和国イスタンブール市で開催された「第五回世界水フォーラム」において、弥生時代の代表的な環濠《かんごう》集落である奈良県の唐古《からこ》・鍵《かぎ》遺跡や、江戸を利根川の洪水から守るための治水対策を題材に、「水と災害」を中心テーマとしてお話しいたしました。イスタンブールは、東洋と西洋が出合う町として世界に知られております。その地で、大きな被害に苦しんできた東洋、近年増大する被害に苦しみはじめた西洋、大きな災害に襲われ続け、それが発展を阻害する大きな要因になっているのに取り組みが遅れているアフリカ、この三地域に共通するテーマとして水災害についてお話しするのが重要と考えたからです。

また、平成二三年（二〇一一）、第三五回全国育樹祭の際、奈良の「唐古・鍵考古学ミュージアム」を訪れ、多くの河川が集中する低平地に環濠集落を営んだ先人たちの苦労の痕跡を目のあたりにする貴重な機会を得ました。水田耕作を求めて低地に下り立った人たちは、常に洪水被害と闘わざるを得なかったのです。そのような営々とした労苦のうえに、私たちの文化・文明は築かれています。そのような長い歴史を具体的な事物を眼前にしながら再認識いたしました。

東日本大震災以降、古い時代の災害について調査する重要性が議論されています。過去の史料をできるだけ多く集めることはもちろん、発掘調査などによる考古学的な資料を幅広く収集することからも調査ははじまります。得られる史資料の信頼性には、それぞれに大きな違いがありますが、そのことを勘案しつつ十分に活用することが大切なように思われます。どのような歩みであれ、多方面から数多くの研究が積み重ねられれば、いずれは大きな力を持つものと考えます。今日は、私の史料研究の一端をお話ししましたが、私の研究とこの講義も、そのような方向に向けての一助になれば、これほど嬉しいことはありません。

未曾有の大災害となった今回の東日本大震災に際して、皆さんも、少しでも現地のお役に立ちたいと願っておられることと思います。一人でも多くの人が、今なお困難な状況にある被災地の方々のことに思いを寄せ、それぞれが可能な形で手を差し伸べていくことが大切であるように思います。先人たちの残した多くの史資料や航空写真のような客観的情報を踏まえて、震災の記憶を忘れることなく、「何をなすべきか」「何ができるのか」をよく考えた上で、自分に最適と思われる行動をとられるよう、心から願っております。被災地の復興には時間がかかると思います。私も、雅子とともに、被災された方々と被災地にこれからも心を寄せ、その復興を見守っていきたいと思っております。

第八章

世界の水問題の現状と課題

——UNSGABでの活動を終えて

本章は、平成二八年（二〇一六）一月二二日に東京都新宿区の学習院女子大学で行われた学習院女子大学国際文化交流学部の「日本文化演習Ⅱ、Ⅳ」「国際コミュニケーション演習Ⅱ、Ⅳ」「海外研修B」および同大学大学院国際文化交流研究科の合同授業における講義を収録したものである。

この講義は、平成二七年（二〇一五）一一月一八日にアメリカ合衆国ニューヨーク市の国際連合本部で開催された「第二回国連 水と災害に関する特別会合」における基調講演 "Quest for Better Relations between People and Water"（人と水とのよりよい関わりを求めて［英語の講演録を巻末に参考収録］）をもとに、大学生への講義という観点から内容を追加して行われた。

水問題を考える

今回は、私がこの一〇年ほど関わってきた水の問題についてお話ししてみようと思います。皆さんのまわりでは、ふだん、大きな災害が起こった時、あるいは、極端な渇水が起きた時などを除いて、水が使えなくて困ったという経験をされた方はあまりおられないのではないかと思います。しかし、例えば、海外に行かれた時に水道の水が直接は飲めなかったり、あるいは、水が止まったりして、水を上手く使えなかった経験をされた方もおられると思います。水は人間を含む生命体が生きていくうえで、なくてはならないものです。その証拠に、人間の体の六〇～七〇％は水でできています。水はほかのものでは決して代えることのできないものです。その水が不足することは大きな問題です。一方、水が多過ぎるのも、時に甚大な被害をもたらします。私たちが平成二三年（二〇一一）に経験した東日本大震災では、多くの方々が津波で亡くなりました。そして、毎年のように豪雨による災害で幾多の尊い命が失われています。

また、日本にいる私たちが安全と思って飲んでいる水についても、世界に目を向けると、汚れた水を飲むことによって子供を含む多くの人々が亡くなったり病気に罹《かか》ったりしています。あるいは、近くに水場がないために遠くまで、時には危険を冒して、水汲みに行かなければいけない人々もいます。後でもお話ししますが、水汲み自体が危険な作業である場合もありますし、水汲みのために学校にも行けず教育を受ける機会を失っている子供たちもいます。さらに、汚れた水とともに、トイレの問題も深刻です。水洗トイレが広く行きわたっている日本ではなかなか考えられないことかもしれませんが、世界では、まだ屋外で排泄を行っている場所もあり、そのことが衛生面での大きな問題となっています。

そこで、本日は、世界の水問題の現状と課題についてお話ししてみたいと思います。

水問題との関わり

それでは、まず、私が何故、水の問題に関心を持つようになったか、そしてこれまでどのような形で水問題に関わってきたかについて、お話ししようと思います。

私は学習院大学史学科で日本中世史を専攻しました。卒業論文では、兵庫の港（現在の神戸港）に入港する物資にかけられる入港税に関する史料をもとに、瀬戸内海の海上交通の実態についで調べましたが、室町時代の中期（一五世紀半ば）には、瀬戸内海を経由して兵庫の港へ驚くべき量の塩や米、木材や海産物など多くの物資が運ばれていることを知りました。学習院大学卒業後は、イギリスのオックスフォード大学に留学し、テムズ川の一七～一八世紀の水上交通について研究しました。一八世紀のイギリスは、産業革命の時期にあたりますが、河川を使って燃料や動力の元になる石炭や農産物が大量に運搬されていたこと、また、河川改修や運河の整備によって蜘蛛の巣を張り巡らしたように水上交通ネットワークが構築されたことがわかりました。海と川の違いはありますが、私は、重量のある物資を大量に運ぶことのできる水の特性、つまり、水上交通の観点から、水に関して最初に興味を持ったのです。

次に、水そのものについての問題を最初に感じたのは、昭和六二年（一九八七）に訪れたネパール国でした。一枚の写真をお目にかけます（図8−1）。この写真は、ヒマラヤの山々を間近に望む、ポカラという町を訪れた際、近郊のサランコットの丘付近で撮影したものです。水を求めて甕《かめ》を手に、女性や子供が集まっています。ご覧いただいている写真では、ほとんどおわかりにならないと思いますが、水はポトポトとしか落ちてきません。「水汲みをするのにいったいどのくらいの時間が掛かるのだろうか。女性や子供が多いな。本当に大変だな」と、素朴な感想を抱いたことを記憶しています。

それから一六年後の平成一五年（二〇〇三）、京都・滋賀・大阪を舞台として第三回世界水フォーラムが開催され、私はその時に名誉総裁を務めることになりました。世界水フォーラムは、地球上の水問題解決に向けた議論や展示などが行われる世界最大級の国際会議です。水分野の専門家や国際機関の主導のもと、平成八年（一九九六）に設立された民間シンクタンクである世界水会議とその時々のホスト国により、三年に一度開催されております。私は、ここで、「京都と地方を結ぶ水の道」と題した記念講演を行い、古代と中世の琵琶湖と淀川を利用した水運についてお話ししました（本書の第二章）。第三回世界水フォーラムへの参加は、私にとって、世界ではいまだに多くの人々が安全な水や基礎的な衛生施設を利用できていないこと、また、水問題が水不足や汚染にとどまらず、子供や女性の水汲みといった人権や労働、教育問

図 8-1　水汲み場に集まる女性や子供たち（サランコットの丘に通ずる道で）

題にも発展していることなど、水問題の抱える奥深さを初めて知る大切な機会となりました。

平成一六年（二〇〇四）、国連は当時のコフィー・アナン事務総長の提唱により、「国連 水と衛生に関する諮問委員会」を創設しました。United Nations Secretary-General's Advisory Board on Water and Sanitation の頭文字をとってＵＮＳＧＡＢといっています。本日は、この名称を副題としました。ＵＮＳＧＡＢの初代議長は、故橋本龍太郎元首相が務め、国連ミレニアム開発目標（ＭＤＧｓ）に定められた、水と衛生に関する目標の達成に向けた取り組みを進めていくことになりました。第二代議長には、オランダのウィレム・アレキサンダー皇太子（現・国王陛下）が就任され、私は、平成一九年（二〇〇七）から名誉総裁として活動しました。ＵＮＳＧＡＢは、水の分野に関係する各国の大臣や学者、国連関係者などの専門家約二〇名で構成されていますが、平成二七年（二〇一五）に活動を終えるまでの一一年間に世界各地で二五回の会合を開催し、おのおのの国や地域、国際機関での活動や取り組みを共有したり、国際社会に向けてさまざまな提言をいたしました。私は、東京で行われた二回の会合に参加し、また、国連事務総長が主催した二回にわたる「国連 水と災害に関する特別会合」に参加し、講演を行いました（図8－2）。

以上のことからおわかりいただけると思いますが、私は、ＵＮＳＧＡＢの名誉総裁として、水と衛生、水災害の問題に関わってきたことになります。そういえば、オックスフォードでテムズ川の水上交通史を研究して帰国した後、何人かの方から、オックスフォードでの下水道の

図 8-2 「国連 水と災害に関する特別会合」開会式の基調講演

研究はその後どうなっていますかと聞かれて、返答に困ったことがありました。また、別の機会にお会いした、ある土木関係の学者さんは、私がオックスフォードで洪水の研究をしてきたと思われていたようでした。確かにマートン・コレッジの寮で、洗濯物を詰め過ぎて洗濯機が洪水を起こしたことはありましたが、下水道や洪水の研究はしておりません。しかし、三〇年以上経った今となってみますと、下水道も洪水もともに、衛生や水災害といった私が水関係で関わってきている問題と密接に関係しているものであるということに不思議なご縁を感じます。

ＵＮＳＧＡＢの活動も平成二七年末で終わり、私の名誉総裁の任期も終了しました。そこで今回の講義では、世界水フォーラムやＵＮＳＧＡＢの会合などの場で、多くの政府首脳の方々や専門家の方々からお話をお聞きし、また、国内外の水に関する施設を視察することを通じて学んだことや考えたことについても、お話ししたいと思います。

水は生存に必要不可欠

「地球は青かった」という言葉で知られるのは、昭和三六年（一九六一）に、初めて宇宙（地球圏外）から地球を眺めたソ連（現・ロシア）のユーリー・ガガーリンです。地球が青いのは海に代表されるように水があるからです。海は、地球の表面の七〇％を占めています。現在では、地球以外でも水の痕跡のある天体がいくつか発見されつつありますが、水があることによって、生命体の存在が確認されているのは地球のみです。

それでは、何故、地球には水があるのでしょうか。これには、諸説あるようですが、約四五億年前に宇宙空間に漂う原始星雲の塵（ダスト）が集まって微惑星が生まれ、それらが衝突と合体を繰り返すことによって原始地球が生まれたと考えられています。原始地球は、最初は煮えたぎった状態でしたが、やがて冷えて固まっていきます。その過程で、衝突によって放出された水蒸気と、地球内部から放出されたガスが原始大気となり、その後、地球が冷却されるのにともない雨となって地表に降り注ぎ、約四〇億年前に原始の海ができたと考えられています。また、最近の研究では、地球の水は地球ができた後、外から運ばれたのではないかという考え方も有力になってきているようです。一つの説として、原始地球の頃に、たっぷりの氷を含んでいた小惑星が大量に地球に降り注ぎ、それが地球に取り込まれることで水の成分になったという考えもあります。いずれの説にしても太陽からの距離が、地球上の水が水蒸気となって宇宙空間に逃げていかず、氷や雪でなく液体の状態で存在するのにちょうどよかったこと、また、地球が十分な質量と重力を持っていたために、大気を表面に引き止めることができ、水が存在できたといわれています。

このような偶然が重なって地球に水が存在しているわけですが、地球全体の水の九七・五％を海水などの塩水が占め、河川水や湖沼水など身近にあって容易に利用できる淡水は、〇・〇一％程度と推定されています。改めていうまでもなく、水はすべての生物にとって、その生存のために不可欠の資源です。日本では、誰もがあたり前のように安全で美味しい水をいつでも飲むことができますが、世界の状況はどうでしょうか。

国連によれば、人の生存に必要な水資源量は、生活用水に加えて農業、工業などの利用を合わせた合計で、一人あたり年間一七〇〇立方メートルとされています。一〇〇〇立方メートルを下回ると「水不足」、五〇〇立方メートルを下回ると「絶対的な水不足」とされています。国全体で利用可能な水資源量の一人あたり平均値を見ると、日本：三三八六立方メートル、中国：一九九三立方メートル、アメリカ合衆国：九五一四立方メートルとなっています。一方、アフリカ北部のサハラ地域や中近東などは、ほとんどが一〇〇〇立方メートル未満であり、慢性的な水不足に苦しんでいることがわかります。さらに、水は空間的・時間的に偏在していますので、国全体としては十分であっても、水不足に苦しむ地域もあることはいうまでもありません。

水の用途はさまざま

さて、次に、水の利用量やその用途について、お話を進めたいと思います。東京都水道局の平成一八年（二〇〇六）のデータによると、東京都民の一般家庭での一人一日あたりの水道水の使用量（家庭用水）は二三三リットルとなっています。二リットル入りのペットボトルで、一二〇本くらいですね。

それでは、皆さんにここで、質問です。家庭用水の使い道は次の五つに分類されます。Ａ

「炊事」、B「洗濯」、C「風呂」、D「洗面その他」、E「トイレ」です。これを、多い順に並べてみてください。

正解は、最も多いのがC「風呂（四〇%）」、以下、E「トイレ」、A「炊事」、B「洗濯」、D「洗面その他」という順番になります。これは、平成二四年度（二〇一二年度）のデータです。ちなみに、平成一八年度（二〇〇六年度）はトイレが一位でしたので、また変動があるかもしれません。まあ、試験ではありませんのでご安心ください。それでは、今度は世界にも目を向けてみましょう。

水不足状態のサブサハラと呼ばれるアフリカのサハラ砂漠より南、おおざっぱにいえば北アフリカを除く地域にあるタンザニアやブルンジと比較してみましょう。三か国を比較するデータが十分ではありませんので、少し古い平成一二年（二〇〇〇）頃の数値になりますが、日本では、一人一日あたり約三五三リットルの生活用水を利用しています。ここでいう生活用水とは、家庭用水に営業用水などを加えた合計量で先ほどの東京都の二三三リットルよりは多くなります。タンザニアの生活用水の利用量は四〇リットル、お隣のブルンジではわずか一九リットルに過ぎません。

生活用水以外にも、私たちは、農業生産や工業生産のためにも水を利用しています。日本では、一人あたり年間六七一立方メートルの水を利用しています。その内訳は、生活用水：一九%、農業用水：六六%、工業用水：一五%となっています。一方、タンザニアでは、一人あたり年間一四五立方メートルの水を利用しています。その内訳は、生活用水：一〇％、農業用水：八九％、工業用水：一％となっています。生活用水よりも、農業用水が多くを占め、日本では工業用水の利用も多いことがわかります。このように、私たちがふだん何気なく利用している水が、飲料用以外にもトイレその他の洗浄のため、農業生産や工業生産のために多く利用されていることがおわかりかと思います。また、水不足に苦しむアフリカのサブサハラ地域などでは、きわめて少ない量の生活用水しか使うことができず、後ほどお話ししますが、これが、衛生面でも大きな課題となっています。

水の確保と安全性

それでは、ここで、日本の歴史をふりかえってみましょう。

雨降らず　日の重《かさ》なれば　植ゑし田も　蒔《ま》きし畠も　朝《あさ》ごとに　凋《しぼ》み枯れ行く　そを見れば　心を痛み　緑児《みどりご》の　乳乞《ちこ》ふがごとく　天《あま》つ水　仰《あふ》ぎてそ待つ　あしひきの　山のたをりにこの見ゆる　天《あま》の白雲《しらくも》　海神《わたつみ》の　沖つ宮辺《みやへ》に　立ち渡り　との曇《ぐも》り合ひて　雨も賜はね

（中西進『万葉集 全訳註原文付（四）』講談社文庫、一九八三年）

これは『万葉集』に収められている大伴家持の長歌の一部です。現代語訳は以下の通りです。

雨の降らない日が重なると、稲を植えた田も、種子を蒔いた畑も、日一日と凋み枯れてゆく。それを見ると心が痛く、赤子が乳を乞うように、天なる恵みの水を仰ぎ待つことだ。あしひきの山の窪みに見える天の白雲よ、海神の沖の宮殿あたりまで立ち渡って、空一面を曇らせて、雨を与えてほしい。（同前）

万葉の時代、渇水に苦しむ人々は、空に浮かぶ白雲を仰いで雨乞いをしたのでしょう。かつて雨水に頼るだけであった人々は、溜池をつくって水田を潤すようになり、その後、小河川から用水路を引いて新田を拓いていきます。私は、平成二七年（二〇一五）の夏に和歌山県を訪ねた際、中世に京都の神護寺が領有していた桛田荘《かせだのしょう》内に引かれた用水路を視察しました（図8－3）。図8－4の絵図は、一七世紀のものです。この絵図を見ると、画面上部に東から西へ、角度を変えて南に流れて紀ノ川に合流する静川《しずかわ》に三つの大きな堰《せき》が設けられ、南側に向けて用水路が引かれているのがおわかりいただけるでしょう。土地台帳を比較することにより、一二世紀後半から一七世紀までの約五〇〇年の間に田の面積が倍増していることもわかっています。さらに江戸時代になると、技術を高めた人々は、紀ノ川の本流から桛田地域を経て約三三キロメートルにおよぶ小田井《おだい》と呼ばれる新たな用水路を築き、約一〇〇〇ヘクタールの水田を潤すことに成功しました。

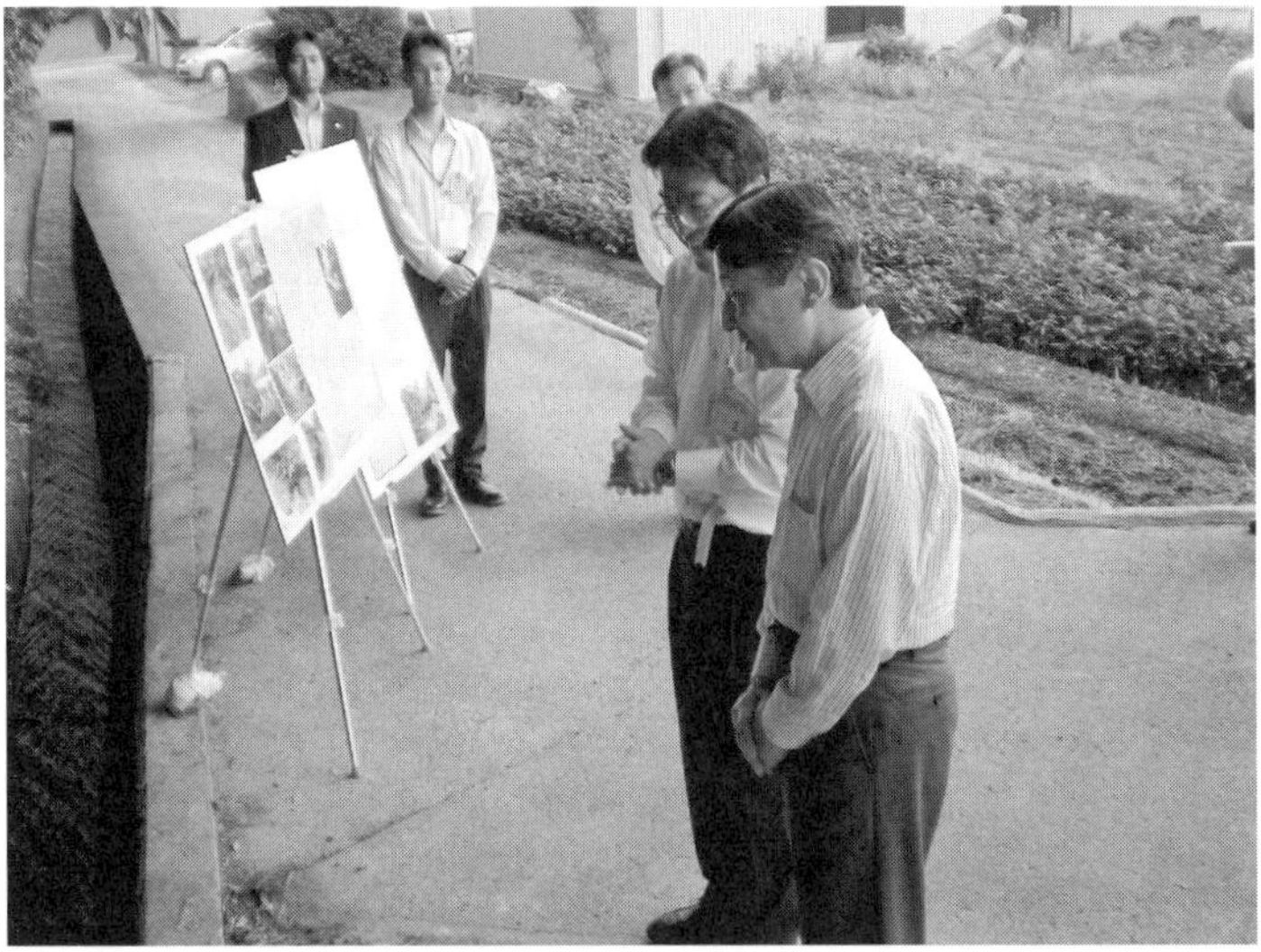

図 8-3　紀伊国桛田荘故地の視察

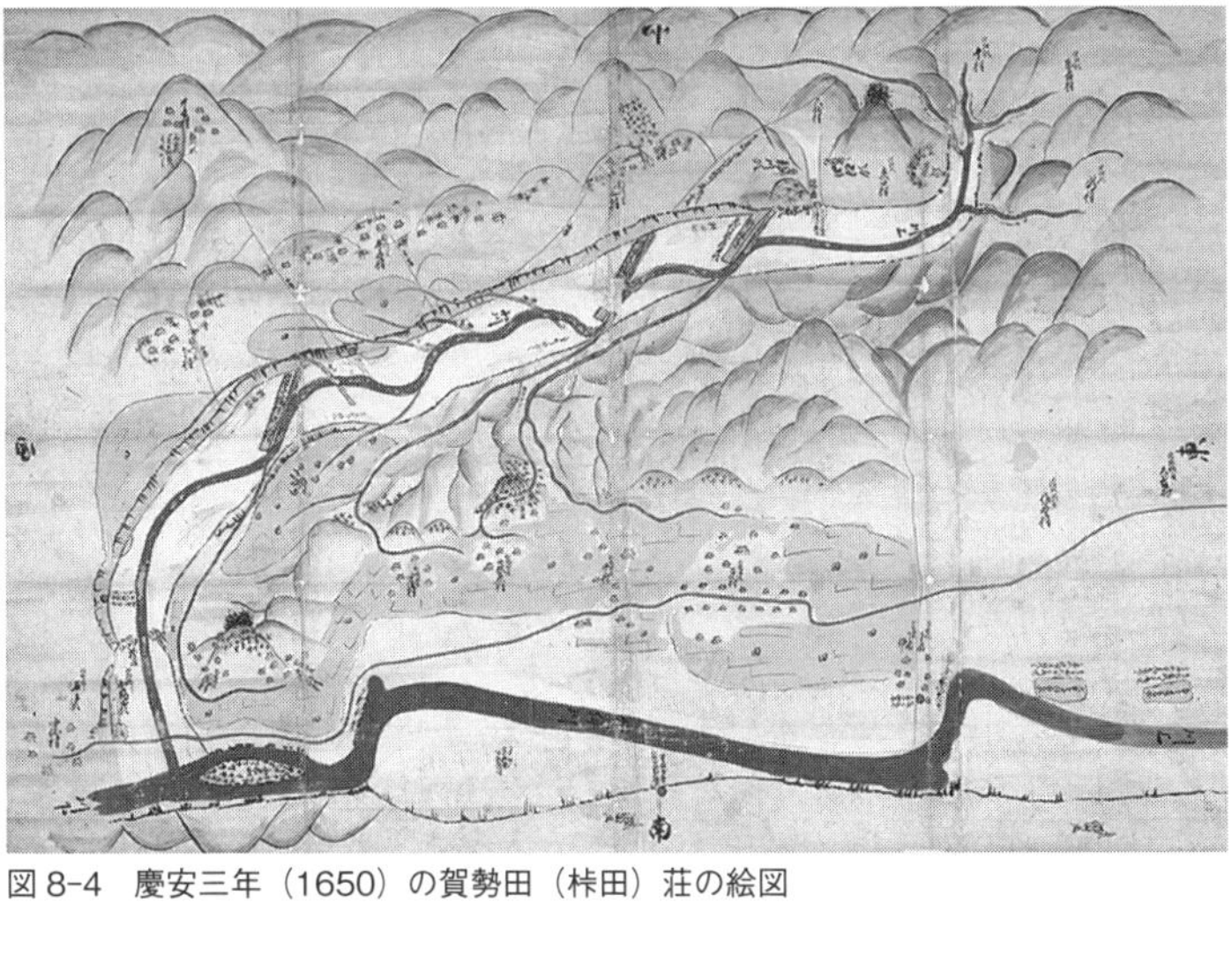

図 8-4　慶安三年（1650）の賀勢田（桛田）荘の絵図

桛田荘の用水路や小田井で培われた水を治める知識と技術は、やがて日本の姿を大きく変えていくことになります。小田井の工事を指揮した紀州藩の井沢弥惣兵衛《やそべえ》は、将軍・徳川吉宗の命により江戸に赴き、見沼《みぬま》代用水の建設に携わることになります。利根川から取水して長さ約六〇キロメートルにおよぶ用水路を建設し、小田井の約一五倍にあたる約一万五〇〇〇ヘクタールの水田を潤すことに成功したのです。こうした知識と技術は、古来、利根川一円で使われた技法（関東流）との対比で紀州流と呼ばれています。高い堤防を連続して構築し、洪水の流れを越水させることなく下流に導くことにより、より広い後背地を農地として確保し、また出水期の湛水範囲を小さくすることにより、高い農業生産が望めることになります（238ページのFig.10参照）。このような技術の進歩もあって、江戸時代に耕地面積と人口が大きく伸び、現在の日本社会の基礎を形づくっていくことになります。

　さらに、明治維新の後、我が国は近代化を進めていきます。そのような中で水道も、明治二〇年（一八八七）の横浜市を手はじめとして、函館市（明治二二年［一八八九］）、長崎市（同二四年［一八九一］）、大阪市（同二八年［一八九五］）、東京市（同三一年［一八九八］）、広島市（同三一年［一八九八］）、神戸市（同三三年［一九〇〇］）、岡山市（同三八年［一九〇五］）、下関市（同三九年［一九〇六］）、佐世保市（同四〇年［一九〇七］）と次々に広がっていきました。

図8－5は、上水道の普及率と乳児死亡率（出生児一〇〇〇人あたりの生後一年未満の死亡

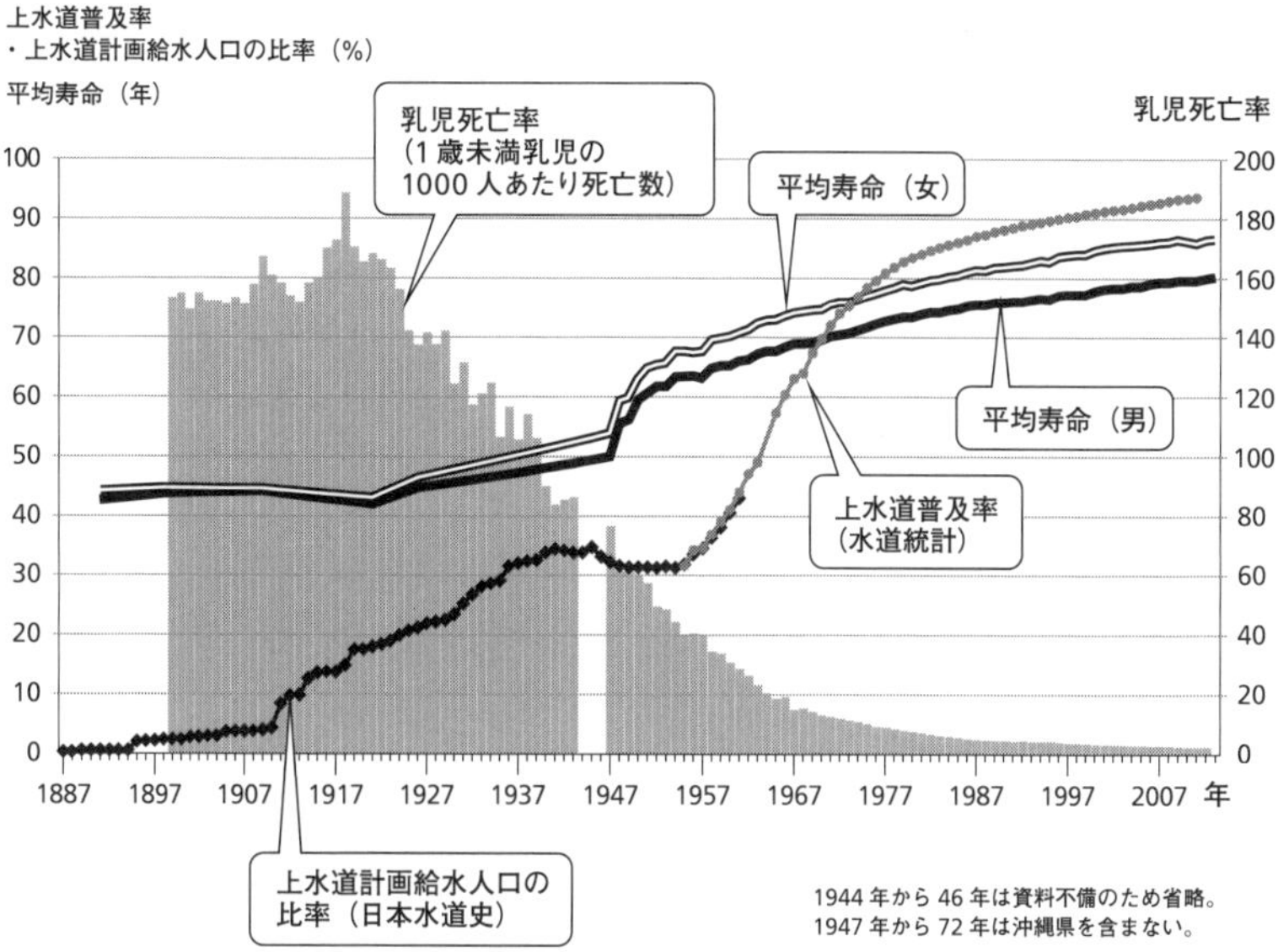

図 8-5　日本の上水道普及率と平均寿命・乳児死亡率

数）および平均寿命を表したグラフです。明治二〇年（一八八七）以降、上水道の普及率は少しずつ増加していきますが、乳児死亡率は大正九年（一九二〇）頃まで高い水準のままで推移し、平均寿命にも大きな改善は見られません。その後、大正一〇年（一九二一）に、東京市および大阪市において、水道の塩素消毒が開始され、より安全な水道水の供給が行われるようになりました。安全な水道水の供給の普及とともに乳児死亡率が劇的に低下し、平均寿命が着実に延びていったのです。

世界の衛生問題と課題

次に視線を海外に向けてみましょう。ここでは、ネパール、キルギスおよびインドの事例をお話しします。冒頭、昭和六二年（一九八七）にネパールのポカラを訪ねた際のお話をしましたが、その後の状況はどうでしょうか。**図8－6**は、ネパールにおける水関連施設の整備と乳幼児死亡率を国連のデータからまとめたものです。安全な飲料水にアクセスできる人口の割合を折線グラフで示していて、平成二年（一九九〇）には六六％でしたが、平成二七年（二〇一五）には九二％に改善しています。棒グラフで示している乳幼児死亡率（五歳未満での一〇〇〇人あたりの死亡数）が一四〇から四〇以下へと改善しています。ネパールでの現地調査によると、水道整備によって水質の安全性が増したため、水が原因の伝染病や疾病が減少したとのことです。また、水汲み運搬時間の大幅な軽減は、その担い手であった女性の生活時間に余裕

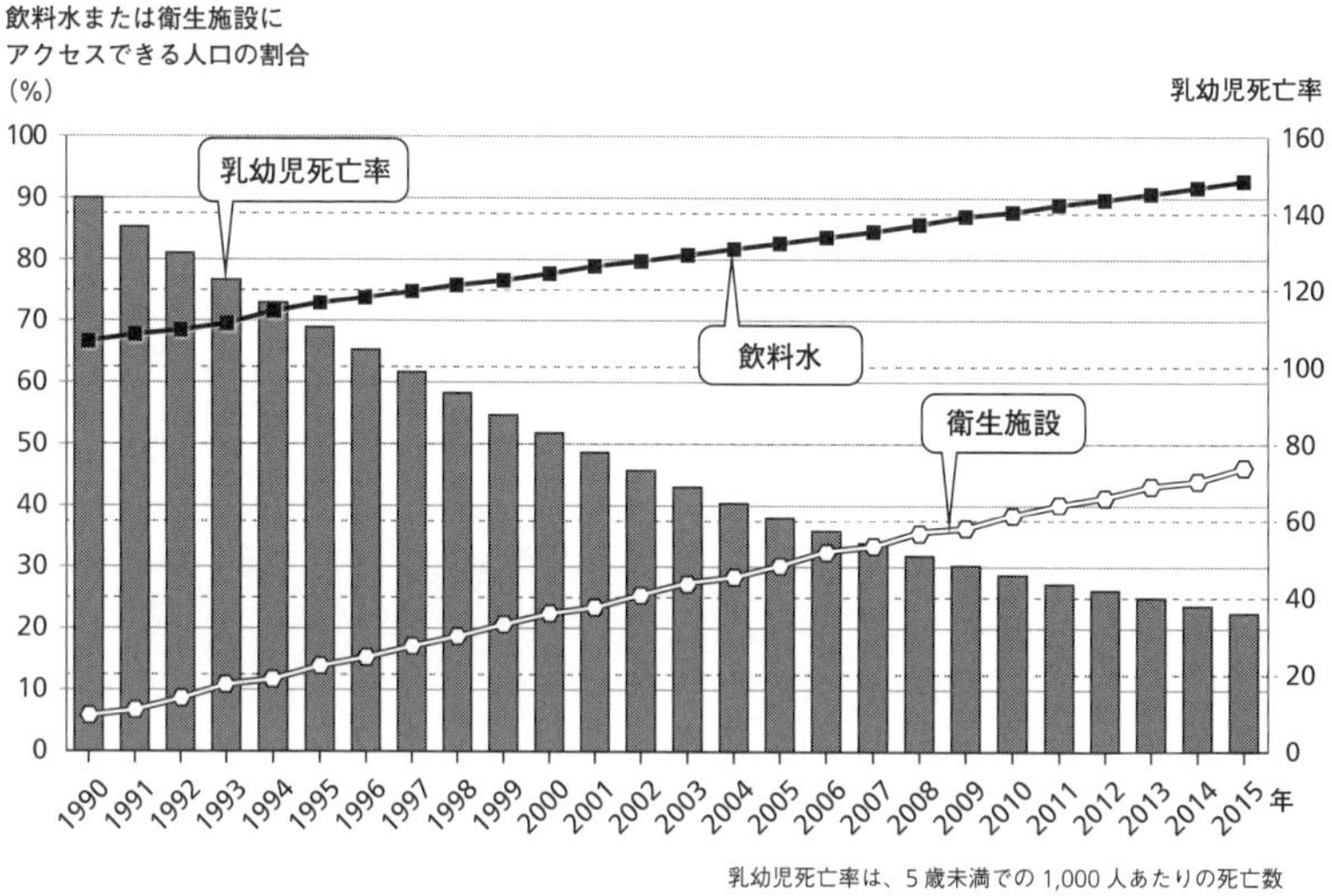

図8-6　ネパールにおける水関連施設の整備と乳幼児死亡率

をもたらしたことがわかっています。

　中央アジアのキルギスでは平成二二年（二〇一〇）、南部のオシュにおいてキルギス系とウズベク系の住民との間で民族衝突が発生しました。タシュタクという村では脆弱だったインフラが完全に崩壊し、村人は交通量の多い高速道路を越えて水汲みをすることを余儀なくされました。水汲みは主として子供たちの仕事とされ、年間一五件もの交通事故が発生したという報告もあります。民族衝突が村を破壊してから五年の間、村民、地方政府、水道部局、UNHCR（国連難民高等弁務官事務所）が復興への道筋を検討する中で、水道の敷設が重要であるとの結論にいたり、不足する財源をUNHCRが支援して、村に一二の水道ポンプが敷設され、今では八〇〇人の村民が自宅近くの安全な飲料水にアクセスできるようになりました。

　インドでは衛生施設、トイレの整備と野外排泄の撲滅が大きな政策課題となっています。昭和二六年（一九五一）に最初の五か年計画が策定され、地方部における衛生プログラムも位置づけられましたが、昭和五六年（一九八一）の統計では、地方部においてトイレを利用できる人口はわずか一％に過ぎないことが判明しました。以降、さまざまな取り組みを進めてきましたが、平成二三年（二〇一一）時点でも、トイレのある世帯率は四七％にとどまり、野外排泄が約半数を占めている状況です。WHOとユニセフが全世界を対象として行った平成二六年（二〇一四）の最新の調査でも、日常的に野外排泄をする世界の人口のうち、約六割（約六億人）をインドの人たちが占めていると報告されています。適切な排泄物管理は、感染症の伝播予防など公衆衛生上不可欠であり、また、屎尿《しにょう》の河川や地下水への流入は、水質の悪化をもたらし、安全な飲料水供給の支障となることから、早急な対応が必要です。

野外排泄は衛生面だけでなく、社会問題にもなっています。用を足すために外に出たところを集団レイプされたり、毒蛇にかまれて亡くなるといったことは大変ショッキングな事例です。平成二六年（二〇一四）に就任したモディ首相は、「クリーン・インディア・ミッション」を掲げ、野外排泄の撲滅に向けた取り組みを強化しています。学校における男女別々のトイレの整備、情報・教育・コミュニケーションによる生活習慣の改善、貧困層への戸別トイレ整備への補助、拡充などを強力に進めているようです。しかし、インドでは皆さんもご存じのカースト制度のために、たとえトイレが整備されても、前にトイレを使用した人のカーストがわからないと次の人がトイレを使用しにくいという難しい現実もあるとUNSGABのメンバーの方から聞いたことがあります。

ちなみに、トイレと衛生の問題に関連して、平成二七年（二〇一五）の一一月にニューヨークの国連本部で行われた「世界トイレの日」の講演会に出席してきましたが、ユニセフのグプタ事務局次長によれば、毎年、三〇万人の五歳未満の子供たちが適切に処理されていない水や不衛生のために亡くなっており、これは一日あたり、八〇〇人の子供の命が失われていることになるとのことでした。これは驚くべき数字だと思います。また、不衛生な水は子供たちの成長や寿命にも影響していることも知りました。

安全な飲料水と衛生的なトイレの利用には、安全な水質の飲料水を安定的に供給し、また、排泄物を衛生上問題のない条件で安定的に処理する仕組みや体制を構築することが不可欠です。UNSGABでは地域レベル、世界レベルでのネットワークの強化を通じた水事業者間の能力開発協力を進めてきました。おのおのの国の実情に応じ、安全な飲料水の供給と基礎的な衛生施設の利用に向けた取り組みが進められることを願っています。

地震による津波

ここまでは、衛生問題や必要な水を確保できないことについてお話ししてきましたが、ここからは、多過ぎる水がもたらす災害についてお話ししていこうと思います。

東日本大震災から間もなく五年を迎えようとしていますが、東日本大震災とそれにともなう大津波の原因がプレートの移動に起因するものであることは、皆さんご存じかと思います。このプレートに起因する南海トラフで発生する大地震のうち、歴史上最も古い記録は天武天皇一三年（六八四）の白鳳地震です。それ以降、昭和二一年（一九四六）の昭和南海地震まで少なくとも九回の地震が記録されています。間隔は九〇年から二六五年と幅があるものの、繰り返し発生しています。そのうち、白鳳地震と安政地震について、史料でふりかえってみましょう。

白鳳地震については、『日本書紀』において、現代語に訳しますと次のように記されています。

一〇月一四日、人の寝付く頃に大地震があった。国を挙げて男女が叫びあい、右往左往し、山は崩れて川の水が湧き出した。諸国の郡の官舎や百姓の倉や家、寺や神社が数え切れないほど倒壊し、人々や家畜が多数死傷した。この時に、伊予の温泉(道後温泉)が埋もれて湯が出なくなった。そして、土佐の国の田畠が五〇余万頃《しろ》余り沈下して海となった。古老が言うには、このような地震はかつてないことだ。

さらに、一八日後の一一月三日の『日本書紀』の記事には、土佐国、つまり今の高知県の国司からの報告として、「潮が高く逆巻いて、海水があふれ、調(税)を運ぶ船が流されてしまった」と記されています。歴史上最も古い津波の記録です。

次に、安政元年[嘉永七年](一八五四)の安政南海地震に際しては、「稲むらの火」の話がよく知られています。現在の和歌山県広川町に生まれた濱口梧陵《はまぐちごりょう》は、一二歳の時に本家の養子となり、千葉県銚子で醬油製造業を営んでいましたが、三五歳の時、帰郷していた広村《ひろむら》(現在の広川町)で安政南海地震に遭遇します。高台から沖合を見下ろした梧陵は、海の異変に気づき、田に積んであった稲わらに火を点けて目印とし、低地にいた村人を安全な高台に誘導し、多くの命を救いました。

明治二九年(一八九六)、小泉八雲(ラフカディオ・ハーン)は、この話を「生ける神(A Living God)」として発表しました。その四〇年後にこの話は、「稲むらの火」という短編に仕立てられて、昭和一二年（一九三七）から一〇年間、小学校の国語の教科書に取り上げられました。私の母も小学生の頃に教科書で「稲むらの火」を読み、長く記憶に残る物語でしたと後に語っていますが、この物語は、当時の少年少女たちに大きな感動を呼んだといわれています。

さらに、濱口梧陵は、再び起こるであろう津波に備え、私財を投じて高さ約五メートル、長さ約六〇〇メートルの堤防を築き、広村の復興に大きく貢献しました。興味深いのは、この堤防の海側には松の木が植えられ、人々が津波にさらわれた時に引っかかったり、つかまれるようにしたことや、土手にはハゼの木を植えて、人々がハゼの木から採れる蠟で商いができるように工夫されていることです。この広村堤防は、昭和二一年（一九四六）に発生した昭和南海地震の際、津波による被害を最小限に食い止めたといわれています。

平成二七年（二〇一五）夏、私は「稲むらの火の館」を訪れ、濱口梧陵の功績を改めて認識するとともに、津波シミュレーションで津波の怖さを体感しました。広川町では毎年秋、津浪祭や稲むらの火祭りを催して濱口梧陵の偉業を偲ぶとともに、地震・津波への防災意識を高める取り組みを行っているとうかがっています。津波に備えた防災訓練は、日本各地で行われていますが、私も平成二六年（二〇一四）に徳島県松茂町の津波防災センターを訪れた際、小学校五、六年の生徒さんたちが、地震・津波に襲われた時にいかに安全な場所に避難できるかについて、真剣に話し合っていた姿が強く印象に残っています。また、日本の協力を得て、インドネシアなど海外でも防災訓練がはじめられた地域もあると聞いています。災害を忘れることなく、次の世代に語り継いでいくこと、そして常に災害に備えておくことがきわめて大切だと思います。想定される地震・津波に対して、世界で万全の備えがなされることを願っています。

巨大化する台風による洪水

多過ぎる水の災害として津波とともに重大な被害をもたらすのが洪水です。平成二七年(二〇一五)九月の関東・東北豪雨、特に鬼怒川の堤防が決壊した映像は、皆さん記憶に新しいことと思います。多過ぎる水への対処、洪水や土砂崩れなどによる水災害を防ぐ、もしくは減らす取り組みを紹介します。

日本では、全国各地で毎年のように甚大な水害や土砂災害が発生しています。統計的に見ても、一時間降水量五〇ミリを超えるような、集中豪雨の発生頻度が高まっているというデータも報告されています(図8-7)。平成二七年九月の関東・東北豪雨災害では、台風一八号に向かって南から湿った空気が流れ込んで関東、東北地方で大量の降雨があり、栃木県日光市で五五一ミリの二四時間雨量を記録するなど、多くの地点で観測史上最大を記録しました。鬼怒川流域では観測史上最も多い流量を記録し、常総市で堤防が決壊するなどにより、市の約三分の一に相当する約四〇平方キロメートルが浸水しました。広範囲にわたる浸水などに加え、避難勧告の遅れなど住民に対する情報提供が十分ではなかったとの指摘もなされており、結果として多くの住民が孤立し、約四二〇〇人が救助される事態となりました。

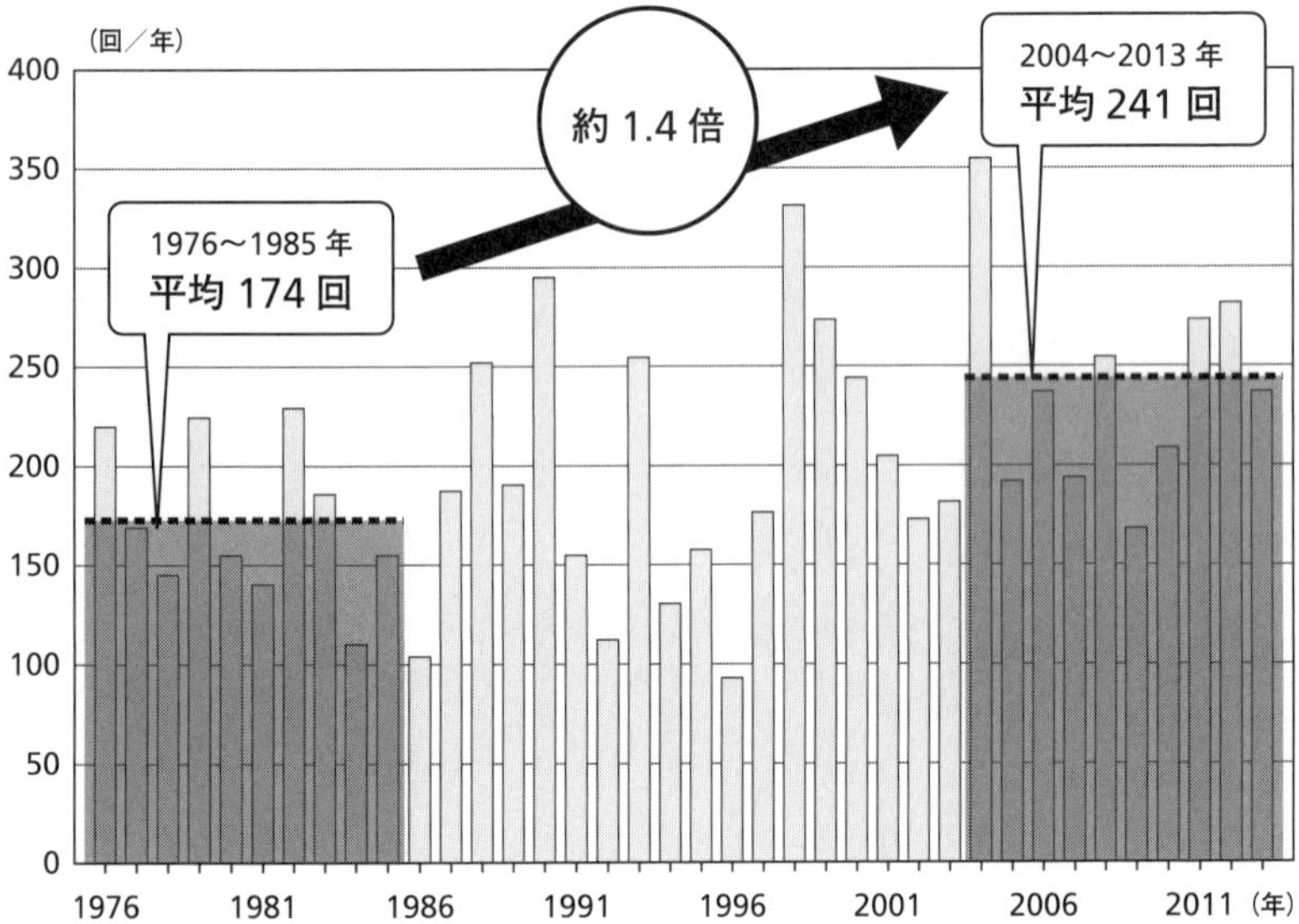

※1 時間降水量 50mm 以上の年間発生回数（アメダス 1,000 地点あたり）

図 8-7　1 時間降水量が 50mm を超える大雨の発生件数の増加

我が国においては、比較的発生頻度の高い洪水に対しては、堤防などを整備して災害の発生を防いできましたが、堤防の能力にも限界があります。先ほどお話ししたように、豪雨の発生頻度が高まっていることも踏まえると、堤防などの施設整備だけで災害を防ぐことは困難な状況といえましょう。効果的・効率的な施設整備を着実に進めることはもちろんですが、私たち住民も意識を変革し、氾濫が発生することを前提として、社会全体で常にこれに備えることが必要なのではないでしょうか。

世界各地でも毎年のように甚大な水災害が発生しています。タイでは、平成二三年（二〇一一）九月に長期間の豪雨によりチャオプラヤ川が氾濫し、二か月以上にわたって浸水が継続しました。日系企業も操業する七つの工業団地で浸水被害が発生し、部品の供給が困難となるなどにより、世界中の経済活動にも大きな影響をおよぼしました。平成二五年（二〇一三）一一月には、スーパー台風ハイエンがフィリピンを襲い、死者・行方不明者七〇〇〇人以上の甚大な被害が発生しました。

アメリカでは、平成二四年（二〇一二）一〇月に、ハリケーン・サンディがニュージャージー州に上陸し、ニューヨーク都市圏では、地下トンネルや駅への浸水により地下鉄が停止し、八〇〇万世帯におよぶ停電などにより経済活動が停止するなど、国内外の経済活動に大きな影響が生じました。ハリケーン・サンディは大きな被害を発生させましたが、それでも平成一七年（二〇〇五）にニューオーリンズ市を中心に被害をもたらしたハリケーン・カトリーナの経験に基づき、災害対策を事前に講じたことにより、被害を大幅に軽減することができたといわれています。例えば地下鉄においては、ハリケーン上陸一週間前から土のうの配備などをはじめ、発災前日には低地部の車両や主要電気設備を高い場所に避難させて運行を停止するなどの事前措置を講じることにより、二日後には一部区間の運行を開始することができたとうかがっています。また、一部の先進諸国では、気候変動による災害リスクの増加に備えた水害対策も検討されていると聞いています。

世界の水災害に対する日本の貢献

世界で起こっているさまざまな水問題に日本はどのように関わってきているのでしょうか。私が見聞きしたいくつかの例をご紹介しようと思います。

はじめに政府ベースでの無償資金協力の事例をご紹介します。インドとスリランカの南西に位置するモルディブ国は海と砂浜の美しさで知られるインド洋に浮かぶ島国です。平成一六年（二〇〇四）末にアジアを襲った未曾有のスマトラ沖大地震およびインド洋津波についてはご記憶の方もあると思いますが、モルディブも津波の被害に遭い、首都があり、同国最大の島であるマレ島は、津波により島の三分の二が水に浸かってしまいました。それにもかかわらず、深刻なダメージを被らなかった背景には、日本政府からの無償資金協力（総額約七五億円）により、同島の周囲に建設してきた護岸が、押し寄せる津波の「壁」として島を守ったことがあ

図 8-8　モルディブ・マレ島の護岸

ったといいます（図8―8）。大津波の後、モルディブの政府首脳の方とお会いした際に、「インド洋の大津波では、日本の支援でできた堤防のおかげで自分たちの国は大きな被害が出なかった」と感謝の気持ちを伝えられたことがありました。

皆さんにとっても身近な例としては、平成九年（一九九七）に、川嶋辰彦教授の指導のもと、学習院大学の課外活動プログラムとしてはじまった、草の根国際協力研修プログラム（GON-GOVA, Grassroots Overseas Non-Governmental Organization Volunteer Activity Programme）があります。タイにおいて、現地体験・体感型の草の根的国際協力を展開しており、平成二二年（二〇一〇）には、合計二六名の学生さんや先生方などがタイのホエヒンラートナイ村に三週間滞在し、換金性果樹の育成・移植などとともに、簡易水道施設用の貯水槽の建設に携わったと聞きました。学習院女子大学からも参加した方がいるとうかがっています。

アフリカでは、川岸などに生息するブユ（蚊の一種）に刺されて感染し、失明することもあることから、河川盲目症とも呼ばれるオンコセルカ症に多くの患者が苦しんできました。その特効薬を開発し、平成二七年（二〇一五）にノーベル生理学・医学賞を受賞された大村智《さとし》教授のご研究も、水への安全なアクセスに寄与したという意味では、水問題への日本の重要な貢献といえるのではないでしょうか。

水の恵みと災いと

以上、今日は時間の関係もあり、水不足と衛生、そして水と災害の問題という二つのテーマに絞ってお話ししてきました。しかし、水問題は多岐にわたり、例えば、地球温暖化にともなう海水面上昇、生態系の変化など触れておきたかった問題もまだまだあります。

日本にいると、安全な水を確保するということはほぼあたり前になっていますが、世界に目を向けると、安全な水や衛生施設にアクセスするということが困難で、時には命がけであったりする国や地域もあることが多少おわかりいただけたかと思います。

国連では平成一二年（二〇〇〇）の国連ミレニアム・サミットで、貧困撲滅に向けた八つのミレニアム開発目標を定めました。その七番目の「環境の持続可能性の確保」に含まれる飲料水に関する指標は、平成二年（一九九〇）を基準として平成二七年（二〇一五）までに「安全な飲料水に持続的にアクセスできない人口の割合を半減する」というものでした。UNSGABが創設された平成一六年（二〇〇四）以来、一四億の人々が安全な飲料水に持続的にアクセスできるようになりました。安全な飲料水にアクセスできない人口の割合は、平成二年（一九九〇）の二四％から平成二七年（二〇一五）には九％に減少し、半減するという指標は達成され、アクセスできない人口も六・六億人へと大幅に減少しました。水に関するもう一つの指標は、衛生に関するものです。日本ではトイレのない家はなかなか考えられませんが、一部の発展途上国には、野外排泄が一般的な地域も残っています。「基礎的な衛生施設にアクセスできない人の割合を半減させる」という指標に向けて取り組みが進められてきましたが、いまだに全世界の三二%、約二四億の人々が改善された衛生施設にアクセスできていないという現実があります。つまり、安全な水にアクセスできない人の割合を減らすことについては、指標を達成することができたのですが、基礎的な衛生施設にアクセスできない人の割合については、指標をまだ達成できていないということです。

平成二七年(二〇一五)を目標年次とするミレニアム開発目標は終了し、国連は持続可能な開発目標(SDGs)を定めました。水に関する目標は、一七項目の目標のうちの目標六として、「すべての人々の水と衛生の利用可能性と持続可能な管理を確保する」と位置づけられています。国際社会が協調して、すべての人々の安全な水と衛生施設へのアクセスが実現されるよう、取り組みが進められることを期待していますし、私も、取り組みを続けていきたいと思います。

もし、本日、私がお話ししたことによって、世界の水問題に興味を持たれたり、水問題をさらに知りたいと思われた方がおられたら、水問題の解決のために自分たちに何ができるだろうかと考えを巡らせていただければ幸いです。少な過ぎる水による災害、多過ぎる水による災害も、近年、その威力を増して、世界中で増加しているように見受けられます。災害はいつやってくるかわかりません。私たちは災害を少しでも減らすために過去の災害をしっかりと記憶し、それを語り継いでいかなければなりません。そして、繰り返しになりますが、常に災害に備えることも大切です。

最後に、私の好きな前田普羅《ふら》の俳句を読んで、締めくくりたいと思います。

立山の　かぶさる町や　水を打つ

立山が覆い被さるようにそびえる富山の町で、人々が夏の暑さをやわらげるために通りに水を打ち、涼をとっている情景が目に浮かびます。山から流れ出る水は飲み水として、あるいは農業用水として私たちに多くの恵みをもたらします。しかし、水は時に少な過ぎたりあるいは多過ぎたりして、人々に大きなダメージを与えます。この句にあるように、人々がどこでも水とともに平和にゆったりと過ごせる世界を実現できるよう、私も今後とも取り組んでいきたいと思います。

《主な参考文献》

第一章

伊東正一『ブラジル・セラード農業開発が日本と世界市場に与えた経済効果とその意義』（日本国際地域開発学会、二〇一四年度秋季大会シンポジウム基調講演）
沖大幹『水危機 ほんとうの話』新潮選書、二〇一二年
沖大幹『水の未来—グローバルリスクと日本』岩波新書、二〇一六年
小池俊雄「水惑星としての地球」（『新装版 地球惑星科学3 地球環境論』所収）岩波書店、二〇一〇年
小池俊雄「環境制約の時代を生き抜く智恵」（『社会倫理と仏教』所収）佼成出版社、二〇一二年
北杜市郷土資料館［編］『三分一の本』北杜市郷土資料館、二〇〇四年

第二章

阿部謹也、網野善彦、石井進、樺山紘一『中世の風景』［上］中公新書、一九八一年
今谷明『集英社版 日本の歴史9 日本国王と土民』集英社、一九九二年
小塩節『ライン河の文化史—ドイツの父なる河』講談社学術文庫、一九九一年
『週刊朝日百科 日本の歴史20 中世Ⅱ—9 琵琶湖と淀の水系』朝日新聞社、一九八九年
新城常三『中世水運史の研究』塙書房、一九九四年
瀧浪貞子『集英社版 日本の歴史5 平安建都』集英社、一九九一年

戸田芳実『歴史と古道—歩いて学ぶ中世史』人文書院、一九九二年
藤井譲治［編］『街道の日本史31 近江・若狭と湖の道』吉川弘文館、二〇〇三年
水本邦彦［編］『街道の日本史32 京都と京街道 京都・丹波・丹後』吉川弘文館、二〇〇二年
渡辺誠［編］『湖の国の歴史を読む』新人物往来社、一九九二年

第三章

網野善彦『海と列島の中世』日本エディタースクール出版部、一九九二年
石井謙治『図説 和船史話』（図説日本海事史話叢書1）至誠堂、一九八三年
今谷明「兵庫関納帳に見える〝三原〟について」（『日本歴史』四〇一）、一九八一年
今谷明『集英社版 日本の歴史9 日本国王と土民』集英社、一九九二年
愛媛県史編さん委員会［編］『愛媛県史 古代Ⅱ・中世』愛媛県、一九八四年
清水克行『大飢饉、室町社会を襲う！』（歴史文化ライブラリー）吉川弘文館、二〇〇八年
『週刊朝日百科 日本の歴史20 中世Ⅱ—9 琵琶湖と淀の水系』朝日新聞社、一九八九年
新城常三『中世水運史の研究』塙書房、一九九四年
東京大学史料編纂所［編］『大日本古文書 家わけ第十 東寺文書之十一』東京大学、一九九七年
徳田釼一『増補 中世における水運の発達』豊田武［増補］、巌南堂書店、一九六六年
豊田武『豊田武著作集 第2巻 中世日本の商業』吉川弘文館、一九八二年
徳仁親王「『兵庫北関入船納帳』の一考察—問丸を中心にして—」（『交通史研究』八）、一九八二年
徳仁親王「室町前中期の兵庫関の二、三の問題」（安田元久先生退任記念論集刊行委員会［編］『中世日本の諸相』［下巻］所収）吉川弘文館、一九八九年

日本塩業大系編集委員会〔編〕『日本塩業大系 史料編 古代・中世（一）』日本専売公社、一九七四年
林屋辰三郎〔編〕『兵庫北関入船納帳』中央公論美術出版、一九八一年

第四章

安澤秀一『史料館・文書館学への道—記録・文書をどう残すか』吉川弘文館、一九八五年
アンソニー・スミス『ザ・ニュースペーパー』仙名紀〔訳〕、新潮選書、一九八八年
ヴィヴィアン・H・H・グリーン『イギリスの大学—その歴史と生態（叢書ウニベルシタス４２４）』安原義仁、成定薫〔訳〕、法政大学出版局、一九九四年
鵜川馨『イギリス社会経済史の旅（社会科学叢書）』日本基督教団出版局、一九八四年
鵜川馨『イングランド中世社会の研究』聖公会出版、一九九一年
城戸毅「イギリスの古文書保存制度と吾が国の公文書館問題——各国の文書館１」（『史学雑誌』七五—四）、一九六六年
中野葉子『オックスフォードの贈り物』廣済堂出版、一九九五年
ピーター・マサイアス『最初の工業国家—イギリス経済史１７００～１９１４年』小松芳喬〔監訳〕、日本評論社、一九七二年
Charles Hadfield, 'Sources for the History of British Canals', *The Journal of Transport History*, Vol.2, 1955
Christopher Brooke & Roger Highfield, *Oxford and Cambridge*, Cambridge, 1988
Goods for delivery to places on the River Thames by the company's boats but which do not come into the Thames and Severn Canal area. 1790-1797 (Gloucestershire County Record Office TS 102)

H.I.H. Prince Naruhito, *The Thames as Highway: A Study of Navigation and Traffic on the Upper Thames in the Eighteenth Century*, Oxford University Press, 1989

John Burton, *The Present State of Navigation on the Thames Considered; and Certain Regulations Proposed. by a Commissioner*, Oxford, 1764

Maurice Bond, 'Materials for Transport History amongst the Records of Parliament', *The Journal of Transport History*, Vol.4, 1959

第五章

F. S. Thacker, *The Thames Highway, 2 vols.*, London, 1914

H. Household, *The Thames and Severn Canal*, Newton Abbot, 1969

H. J. Dyos and D. H. Aldcroft, *British Transport: An Economic Survey from the Seventeenth Century to the Twentieth*, Penguin Books, 1974

H. S. Davis, *The Thames Navigation Commission 1771-1867*, MA thesis, Reading University, 1957

John Burton, *The Present State of Navigation on the Thames Considered; and Certain Regulations Proposed. by a Commissioner*, Oxford, 1764

Mary Prior, *Fisher Row: Fishermen, Bargemen and Canal Boatmen in Oxford, 1500-1900*, Oxford University Press, 1982

Peter Mathias, *The First Industrial Nation: The Economic History of Britain 1700-1914*, Methuen, 1983

Roger Griffiths, *An Essay to prove that the Jurisdiction and Conservancy of the River of Thames ... is committed to the Lord Mayor and City of London ... To which is added, a brief description of those fish that are caught in the Thames, etc.*, London, 1746

William F. Mavor, *General View of the Agriculture of Berkshire*, London, 1808

Z. Allnutt, *Useful and Correct Accounts of the Navigation of the Rivers and Canals West of London: comprising, important and interesting particulars of information: with tables of distances; time of navigating; and prices of carriage, on each river and canal*, Henley, 1810

第六章

伊藤好一『江戸上水道の歴史（歴史文化セレクション）』吉川弘文館、二〇一〇年

浦和市立郷土博物館［編］『見沼・その歴史と文化』浦和市立郷土博物館、一九九八年

大石慎三郎『江戸時代』中公新書、一九七七年

『国指定史跡見沼通船堀整備事業報告書』浦和市教育委員会、一九九八年

『322㎞の大河誕生物語 利根川の東遷』国土交通省関東地方整備局利根川上流河川事務所、二〇一三年

仲田一信『見沼通船堀―日本最古の閘門式運河』浦和市尾間木史蹟保存会、一九六六年（一九九八年復刻）

徳仁親王「江戸と水」（『地学雑誌』一二三－四）、二〇一四年

第七章
伊藤裕偉『中世伊勢湾岸の湊津と地域構造（中世史研究叢書10）』岩田書院、二〇〇七年
河田惠昭『津波災害―減災社会を築く（増補版）』岩波新書、二〇一八年
黒板勝美［編］『（新訂増補）国史大系4 日本三代実録』吉川弘文館、一九六六年
黒板勝美［編］『（新訂増補）国史大系32 吾妻鏡』吉川弘文館、一九六四年
国立天文台［編］『理科年表』（平成24年第85冊）丸善出版、二〇一一年
後藤丹治、岡見正雄［校注］『日本古典文学大系36 太平記 三』岩波書店、一九六二年
寒川旭『地震の日本史―大地は何を語るのか（増補版）』中公新書、二〇一一年
静岡県［編］『静岡県史 別編2 自然災害誌』静岡県、一九九六年
「総合学術調査報告 由岐町」（『阿波学会紀要』第四〇号）、一九九四年
東京大学史料編纂所［編］『大日本史料』第十一編之二十三、東京大学、二〇〇二年
矢田俊文『中世の巨大地震（歴史文化ライブラリー）』吉川弘文館、二〇〇九年
吉村昭『三陸海岸大津波』文春文庫、二〇〇四年
ロバート・ゲラー『日本人は知らない「地震予知」の正体』双葉社、二〇一一年
綿貫友子『中世東国の太平洋海運』東京大学出版会、一九九八年

第八章
伊藤和明『日本の津波災害』岩波ジュニア新書、二〇一一年
『今がわかる時代がわかる世界地図 ２０１６年版』成美堂出版、二〇一五年

『インド国トイレ整備に係る情報収集・確認調査 ファイナル・レポート』国際協力機構、
国際航業、二〇一五年
岡崎稔、鈴木宏明『調べてみよう 暮らしの水・社会の水』岩波ジュニア新書、二〇〇三年
沖大幹『水危機 ほんとうの話』新潮選書、二〇一二年
竹村公太郎『日本文明の謎を解く―21世紀を考えるヒント』清流出版、二〇〇三年
『特別展 紀伊国桛田荘と文覚井―水とともに生き、水を求めて闘う』和歌山県立博物館、
二〇一三年
中西進『万葉集 全訳注原文付(四)』講談社文庫、一九八三年
廣瀬敬『できたての地球―生命誕生の条件』岩波科学ライブラリー、二〇一五年
保立道久『歴史のなかの大地動乱―奈良・平安の地震と天皇』岩波新書、二〇一二年
マギー・ブラック、ジャネット・キング『水の世界地図 第2版 刻々と変化する水と世界の問題』
沖大幹、沖明〔翻訳〕、丸善、二〇一〇年
嶺重慎、鈴木文二『新・天文学入門 カラー版』岩波ジュニア新書、二〇一五年
山田淳、竹添明生「ネパールにおける水道整備と地域住民の衛生環境改善」
(『公衆衛生研究』四九―三)、二〇〇〇年
UNHCR water project aids road safety in Kyrgyzstan
https://www.unhcr.org/news/latest/2015/11/56541cca6/

His Imperial Highness the Crown Prince of Japan

Keynote Lecture
The United Nations Special Thematic Session on Water and Disasters

November 18th, 2015
The United Nations Headquarters
New York, the U.S.A

Quest for Better Relations between People and Water

Your Excellency Mr. Ban Ki-moon, Secretary-General

Your Excellency Mr. Mogens Lykketoft, President of General Assembly

Dr. Han Seung-soo, Special Envoy of the Secretary-General for Disaster Risk Reduction and Water, Chair of High-level Experts and Leaders Panel on Water and Disasters

Excellencies, ladies and gentlemen

1. Preface

I am glad to give the keynote lecture in the Second Special Thematic Session on Water and Disasters in the United Nations.

A large number of disasters have occurred in the world. In the past five years alone, we witnessed the Great East Japan Earthquake and severe drought in East Africa in 2011, Hurricane Sandy in 2012, severe flooding in Central Europe and Typhoon Hayan in 2013, large-scale flooding in India and Pakistan in 2014, mud flow disaster in Colombia, an earthquake in Nepal, a tsunami in Chile, drought in Australia and the West Coast of the United States, flooding in the Kinu River of Japan, and severe flooding in the Carolinas of the United States in 2015, and, almost every year, recurrent hurricanes and typhoons in small island states. I would like to pray for the repose of the victims, and to express my deepest condolences to their families and other affected people. It is my wish that the affected areas will, as soon as possible, be built back better.

There is no topic of greater importance to our common future than water, nor one with deeper links to our common humanity. It is in this context that the UN High-level Water and Sanitation Days are organized this week. Various water events including this meeting and the Final Meeting of the UN Secretary General's Advisory Board on Water and Sanitation, on which I serve as Honorary President, will be held here during these Water Days.

Let me take this opportunity of the Water Days to look at the historical relations between human beings and water, learn some key lessons, and think, together with you, about better relations between people and water today and in the future.

2. How people feel and hope about water

–From literature in Japan and the world–

Let me look at the field of literature through history to understand how people have felt and hoped about water. I do so because writing is a means of intellectually digesting and communicating to society what we feel and hope about things and events around us.

2.1 Water in Japanese Waka and Haiku

(short poems)

Many poems and stories of the world refer to water in hundreds of ways as it is indispensable for people's lives and livelihood. Japanese Waka and Haiku are lyrical poems that depict scenes of nature and emotions of the people in short verses. They consist of rhythmical wordings of 31 and 17 Japanese syllables. I would like to cite some of those poems so that you might understand people's feelings and hopes about water. Let me start with this poem:

In the early dawn
When the mists on the Uji River
Slowly lift and clear
From the shallows to the deep
The stakes of fishing nets appear*

*This English translation is quoted from "Hyakunin-Isshu (Single Songs of a Hundred Poets) and Nori no Hatsu-Ne (The Dominant Note of the Law)," Clay MacCauley, Kelly and Walsh, Ltd., 1917.

This Waka poem is in “Ogura Hyakunin Isshu” from the early 13th century, a compilation of one hundred works composed by eminent poets. The poem depicts delicately the beautiful morning on the Uji River near Kyoto (Fig.1). Wood stakes for fishing nets that gradually appear in the scene symbolize the harmony between people’s livelihoods and nature.

Water, however, affects people in a harsh way if it is turned into heavy rain. I quote:

People’s sorrow will unbearably increase
When rain falls in excess
May I plead to you, Great Eight Dragons,
To make the downpours cease

This poem by Sanetomo Minamoto, a shogun in the Kamakura period, in “Kinkaiwaka-shu” stated “I composed the poem after having prayed to the Buddha statue in July, 1211 when flooding immersed the world (the land), and the people deplored the tragedy.” Flooding brought such a great sorrow to the people that the Shogun Minamoto himself pleaded with the Great Eight Dragons, Gods of Water, to cease the downpour (Fig.2).

Droughts also bring grave calamity to the people. Yakamochi Otomo deplores in verses of his poem which was inserted into the “Manyo-shu,” the oldest anthology edited between the 7th and the 8th centuries (Fig.3). Let me

Fig.1 The Uji River. Source: Uji City.

quote:

> Every day, no rain occurs
> Every dawn, more rice withers
> People cannot but cry for water
> As if a baby cries for milk
> May clouds beyond the mountains
> Reach the ocean
> And cover the whole sky
> To give us showers

As we have seen, water touched people's emotions quite strongly although it may have evoked different emotions such as joy, anger, sorrow and humor. Extreme water events such as floods and droughts particularly made strong impacts on their minds. They were "Acts of Dragons" beyond their comprehension.

2.2 Water and disasters in ancient world literature

People's fear of flooding is common all over the world. This picture (Fig.4) shows the famous flood tablet. The tablet was excavated in what is now an area of Iraq and deciphered by George Smith in 1872. It is a small plate of 6 inches by 5.25 inches. Part of it reads, "Destroy houses and turn them into boats. Discard wealth and survive. Embark with all sorts of seeds. The boat should have the same length, width and height. The boat shall be covered with a roof. Later,

Fig.4 Flood Tablet excavated in the Area of Iraq ©Trustees of the British Museum.
UNIPHOTO PRESS

great rain will occur." The tablet shows that a story very similar to Noah's Ark in the Bible existed as long ago as the 7th century B.C. in Mesopotamia.

It is also known that a similar flood story was recorded over one thousand years before that. The story of the deluge, a fundamental topic of the Epic of Gilgamesh, tells us that a flood has significant impact on the minds of people, influencing subsequent epics, societies, and even religions. The deluge was seen as a supernatural event empowered to transform the world.

3. From aspirations to action
–Development of relations between people and water in medieval and early-modern Japan–

As we have seen in these examples, people had strong feelings, interests and aspirations about water. Water has had a direct impact not only on lives and livelihoods but on the emotions of the people.

As economy and society develop, people have gained knowledge, experience and technology. Under such an enabling environment, aspirations for water were turned into willingness to act on water for social benefits. I would like to introduce some cases from medieval to early-modern Japan in which water was deeply related to the people and formation of their society and economy.

3.1 Relations between people and water in medieval Japan

–Visiting the Kaseda Manor in the Kiinokuni region

Private ownership of lands by temples and local lords was systematized in medieval Japan. Those privately owned lands were called manors. This summer I visited the archives and waterworks of the Kiinokuni region as it was called in the medieval period and it is now Wakayama Prefecture. I studied the rapport between people and water generated in one manor (Fig.5).

This is a map of the Kaseda Manor (Fig.6). The Manor was established in the Kiinokuni region in the late 12th century. The map is well-known as it clearly shows the typical composition of a manor in the period. You can see the Shizu River running from east to west and turning its course to the south to join the Kinokawa River, the main stream. You can also see paddy fields in the center, temples in the upper right and communities in the left and along the main road.

This is another map of the Kaseda Manor in the mid-17th century (Fig.7). The comparison of land registers in the two periods indicates that paddy fields' area doubled in the Kaseda area. What made this enlargement of paddy fields possible? The answer is in this picture.

The three weirs in the center of the map were the key for

development. The paddy fields in the 12th century were presumably irrigated by water stored in small ponds in hilly areas. The ponds did not provide enough water for larger areas. The three weirs in the picture were built to fill the gap between water supply and demand.

As building a weir in the main stream was technically difficult, people presumably built weirs and intakes from the tributary, the Shizu River. Connecting waterways were constructed in stages. Tributaries and ponds were used as water channels. Larger amounts of water taken from the weirs were diverted to connecting waterways, distributors and branches (Fig.8). The waterworks enabled irrigating far larger areas than previous ones. It is surmised that these works were completed between the 15th and the 16th centuries.

As seen here, the social and economic development of medieval Japan was closely related to the development of water networks. I was deeply impressed by the process through which people's aspirations about water were turned into reality by their wisdom and efforts.

3.2 "Kishu Method" and "Kanto Method" in early modern Japan

These cases are just small examples of relations between people and water. However, the experiences and lessons accumulated in this local area of Kaseda led to a major

change in the shape of Japan.

Kiinokuni was ruled by the regional government of Kishu in the early 18th century. The Government of Kishu built the Odai Waterway running through the Kaseda area. The Odai Project enabled the irrigation of an area as large as 1,000 hectares by drawing water from the Kinokawa River, the main river. The central government was impressed by this "water success." When I visited the Tone River in 2009, I learned that the Shogun, Yoshimune Tokugawa, summoned to the capital the chief engineer of the Odai Project, Yasobei Izawa. Izawa employed the most advanced technology at that time, such as instrumental surveys and syphon works, to build the Minumadai Waterway near Tokyo. The waterway, as long as 60 kilometers, enabled irrigation of 15,000 hectares, an area 15 times larger than the Odai (Fig.9). This experience and technology spread all around the Kanto area, which created the foundation of agricultural development in pre-modern Japan.

The knowledge and technology transferred from the Kishu area was called the "Kishu Method" in comparison with the "Kanto Method," which had been used in the capital area (Fig.10). According to the "Kanto Method," low levees were built to contain small floods in the water course, whereas they let larger floods flow to the hinterlands. According to the "Kishu Method," continuous high levees maintained a high flood water in the water course, which enabled much higher agricultural productivity in larger

areas behind the levees.

The people's attempts to manage water through small ponds led to the construction of local water weirs and channels in the Kaseda Manor, then to the Odai Irrigation Project by the regional government of Kishu, and finally to large-scale irrigation projects in old Tokyo and throughout the nation. As seen in this figure (Fig.11), food production soared as a result of the technological development of water, which was followed by rapid population growth. The foundation of modern Japan was formed through this increase of food production in tandem with population growth. As we have seen, wisdom and technology on water was developed and passed on over generations and across regions. This then led to an advancement of the nation. I was deeply impressed by this process in which water played a critical role.

4. New driving force for turning aspirations into reality

–Development of science and technology in the 21st century and its impact on disaster management–

We have seen through history what people's feelings and aspirations about water were like and how these aspirations have become a reality. This process has not changed in the modern world. However, the relation between people and water has been influenced by the rapid development of science and technology in the last two centuries. This is

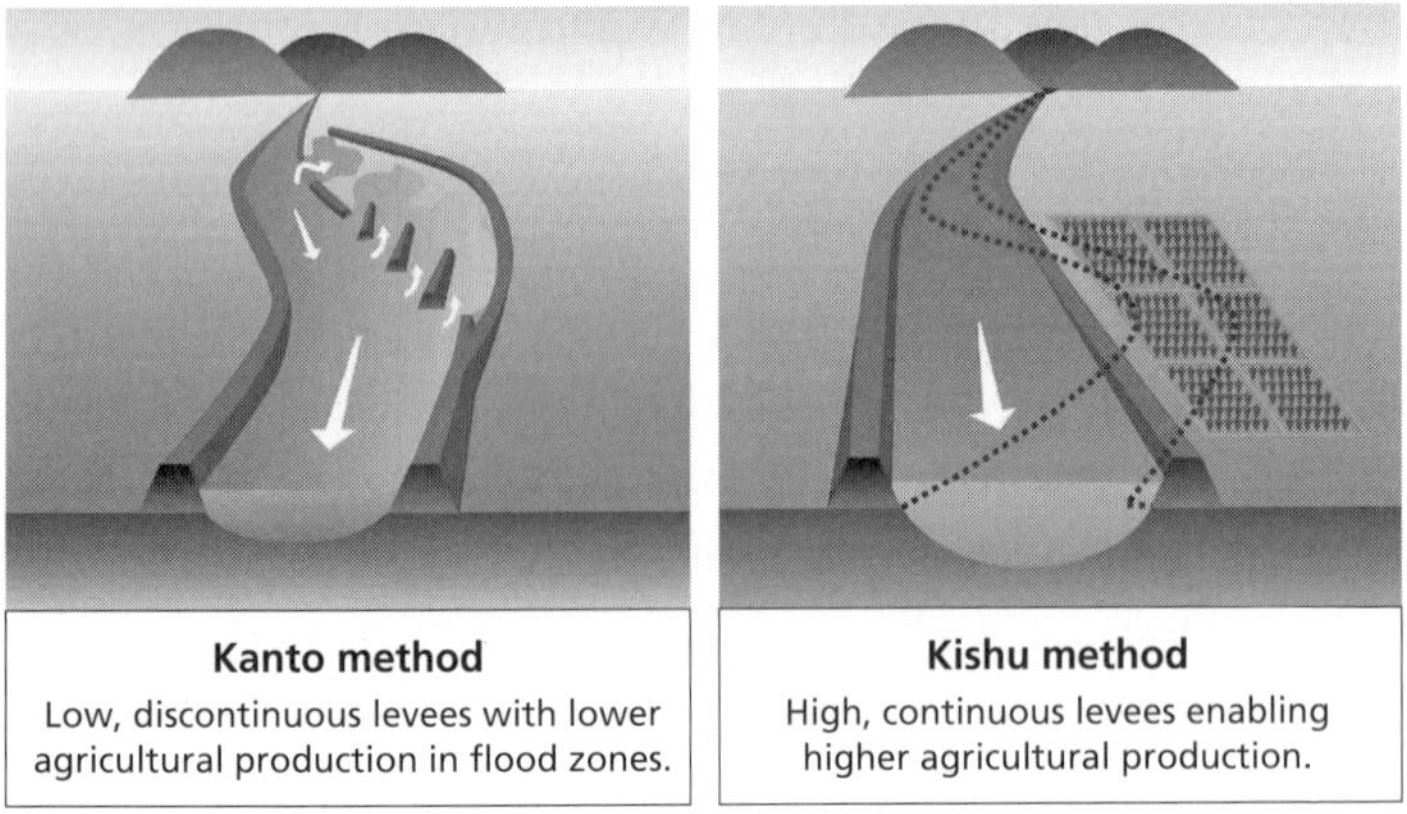

Fig.10 Comparison of "Kanto Method"(left) and "Kishu Method"(right) in Flood Management. Source: Ministry of Land, Infrastructure, Transport and Tourism.

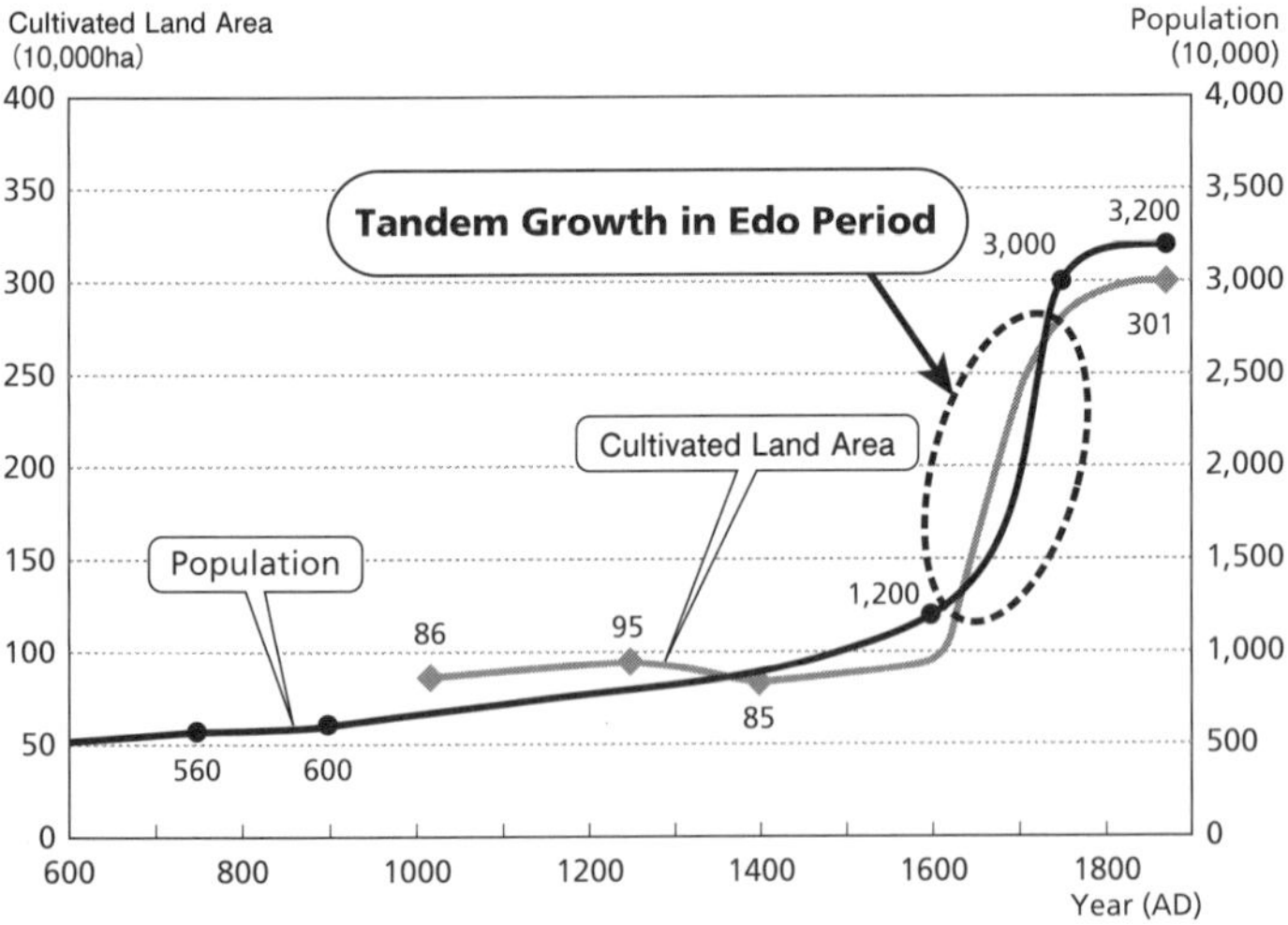

Fig.11 Development of Cultivated Land Area and Population Growth. Source: Kotaro Takemura, Japan Water Forum. Data Source: Hiroshi Kito and "The Study Group on History of Agricultural Land Development in Japan".

particularly true in the field of water and disasters.

Human life comes first when addressing the challenges of water and disasters. It is critical to save people's lives from disasters through timely forecasts and early warnings. I would like to draw your attention to disaster reduction methods by satellite and information technology. The Global Earth Observation System of Systems (GEOSS) in this figure (Fig.12) is a global collaborative initiative to observe the earth from the sky and the land.

Massive data on water, atmosphere, lands and oceans are collected, integrated and put into archives in the Data Integrated Analysis System (DIAS). The data are effectively managed and used in the areas of disaster reduction, agriculture, climate, environment and so forth (Fig.13-1, 13-2). For example, researchers using DIAS found that an increased atmospheric temperature above the Himalayas will cause climatic disturbances in East Asia. The Integrated Flood Analysis System (IFAS) can give satellite-based flood forecasts and early warnings in remote areas and developing countries where ground-based rain data are not available (Fig.14).

It is also important for people to understand the meaning of disaster information they receive and to take adequate measures such as prompt evacuations. This video (Fig.15) shows how heavy-rain clouds developed over Japan this year in the summer. From motion pictures like these, one

can help citizens intuitively to understand the mechanisms of disasters.

Building a disaster-resilient society comes next. For example, the new Delta Plan was established in the Netherlands, where 26 percent of the land area is below the sea water level (Fig.16-1, 16-2). The plan assumes that the sea water level will rise by 0.65 meters to 1.3 meters in 100 years. Multiple measures will be taken to assure that the citizens are safe against floods that may occur once in 100,000 years. This plan reinforces a previous one that presumes those in 10,000 years.

The United States has strengthened national disaster preparedness taking into consideration the experience and lessons of Hurricane Katrina in 2005. The flood damage was significantly reduced in Hurricane Isaac and Hurricane Sandy in 2012 thanks to enhanced preparedness (Fig.17). A dual-purpose tunnel for flood drainage and car transportation was constructed in Kuala Lumpur in Malaysia (Fig.18). It helps to manage both flooding and traffic jams in the capital. France, in collaboration with the OECD, has conducted a full-scale flood impact analysis of the Seine River in the Greater Paris area and has proposed comprehensive flood mitigation measures (Fig.19).

Various efforts to improve water environment and flood preparedness are underway in Japan. This picture (Fig.20) shows an urban complex in Tokyo which I recently visited.

Katrina, 2005
Category 3 at Landfall
Minimum pressure at Landfall of **920hPa**
1,833 deaths
$130 Billion in Recovery Cost

Isaac, 2012
Category 1 at Landfall
Minimum pressure at Landfall of **925hPa**
5 deaths in U.S.
Minimal Damage Inside Hurricane and Stome Damage Risk Reduction System

Fig.17 Comparison of Damages in Hurricane Katrina (top) and Hurricane Isaac (bottom)
-"Learning Lessons of 2005" worked in 2012-
Source: US Army Corps of Engineers / Federal Emergency Management Agency.

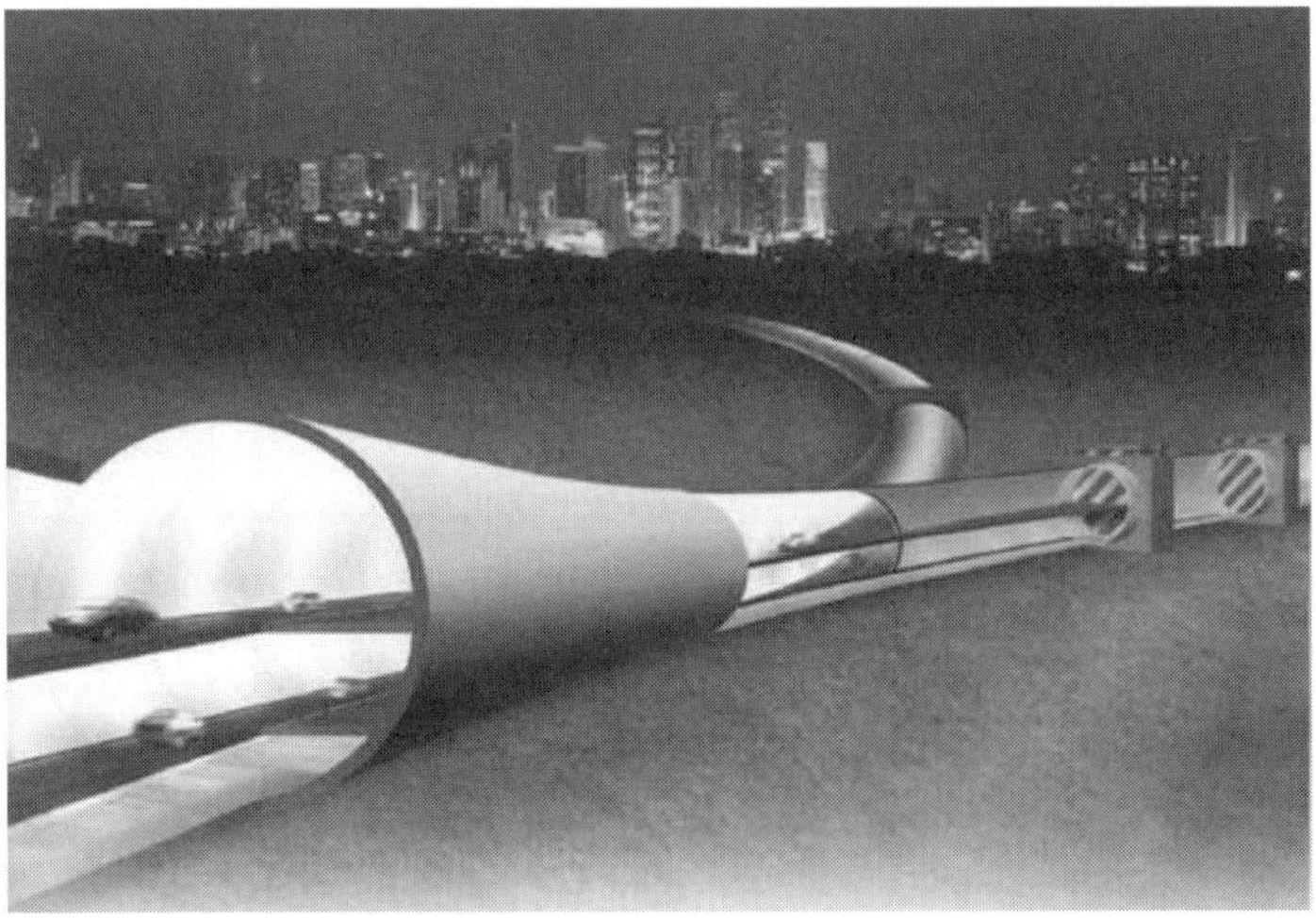

Fig.18 Flood Drainage and Road Transportation in One Tunnel in Kuala Lumpur.
Source: Network of Asian River Basin Network Organization / NARBO.

A large-scale sewage treatment plant under the building harnesses rain storage and a biogas power plant (Fig.21). This complex recycles water and energy and reduces flooding. At the national level, climate change adaptation measures that employ both structural and non-structural measures are underway.

Drought is one of the most important water-related disasters (Fig.22). The number of occurrences of drought in the last 20 years is just 5 percent of a total number of disasters. However, the number of affected people by drought in the same period reaches 1.1 billion that accounts for 25 percent of the total. Forty-one percent of drought occurs in Africa, 25 percent in the Americas, and 24 percent in Asia.

As drought damage is intricately related to long-term climate, social and environmental conditions, drought risk reduction requires multi-faceted approaches of which elements include governance, early warnings, education and preparedness. Recent progress of information technology has enabled advancement of early warnings on drought. For example, the development of drought can be closely monitored through analyzing not only hydrological data but land data such as ground-moisture collected by newly launched satellites. Early warnings on drought are expected to advance further as ocean research works about the effects of El-Niño and Di-pole phenomena on regional climate and weather conditions are in progress.

Thus, disaster risk reduction actions based on advanced science and technology are rapidly making progress. These cases and good practices should be shared among countries through workshops and data bases. The international community is encouraged to collaborate to deliver the benefits of science and technology to people everywhere, especially those who suffer from poverty.

5. Exploring better relations between people and water

People's feeling and hopes were intertwined with the surrounding nature and society, which led to concrete relations between people and water. Based on historical relations between human beings and water, how should we relate to water in the future?

One of the lessons is that our feelings and aspirations on water are deeper than we think. This reflects the long-standing relations across generations. Pursuing higher efficiency and physical advantages through water management is not enough. We should review the historical relations between people and water, draw upon people's deep feelings about water, and reflect on this in our future water management.

The case of the Kaseda Manor exemplified the way in which good practices of water management can be transferred to other areas. The transfer may even lead to the

transformation of a nation. Learning from good practices can be a shortcut to better water management. Many public events such as UN conferences like this one, the World Water Forum, and Regional Water Summits have been held for information sharing and open discussion. I hope these opportunities are effectively used by many to learn from one another and to galvanize action to solve water problems.

The world is still facing many water challenges although a lot of improvements have already been achieved. Six hundred and sixty-three million people still lack access to improved water sources. Two point four billion people do not have access to improved sanitation. Economic damage from water-related disasters is globally increasing. Promotion of trans-boundary water cooperation is also a critical challenge. We are in a century of science and technology. Collaboration by the international community is expected to deliver the benefits of science and technology to every corner of the world, especially to people suffering from poverty.

We are at the juncture of following-up the Summit for Sustainable Development and preparing for COP21. We should take this opportunity to deepen discussions and accelerate action to solve water and sanitation challenges.

I would like to conclude my lecture by reciting my favorite Haiku by Fura Maeda (Fig.23).

Fig.23 Mt. Tateyama (top) / Mr. Hideaki Oda, former UNSGAB Member, spraying water on streets (bottom). Source: Toyama Tourism Organization (top) / Japan Water Forum (bottom).

Overlaying the quarter
Is Mt. Tateyama in the background
There, water is sprinkled
To cool the streets

The poem reminds me of a town in Toyama where majestic Mt. Tateyama stands in the background, overlaying the town. People sprinkle water to enjoy cooled streets in the summer. Water benefits us in many ways. Mountain streams are turned into water for drinking and agriculture. Shortage or excess of water, on the other hand, has a negative impact on people and their lives. I will continue my efforts to bring about a world where people can live peacefully and happily as depicted in this poem.

Thank you.

●参考収録

Quest for Better Relations between People and Water
(人と水とのよりよい関わりを求めて)

平成27年（2015）11月18日にアメリカ合衆国ニューヨーク市の国際連合本部で開催された「第2回 国連水と災害に関する特別会合」における英語の基調講演の記録です。講演に際して使用された参考図版は、紙面の都合上、一部のみを掲載しています。すべての図版と、講演の日本語訳は、宮内庁のホームページでご覧いただくことができます。

●講演で用いられた図版：

http://www.kunaicho.go.jp/okotoba/02/koen/koen-h27az-kokuren-slide.html

●講演の日本語訳：

http://www.kunaicho.go.jp/okotoba/02/koen/koen-h27az-kokuren.html

第八章（189～221ページ）の「世界の水問題の現状と課題―UNSGABでの活動を終えて」（平成28年［2016］1月22日、学習院女子大学）は、この講演をもとに、大学生向けに内容を追加して行われた講義です。

Due to limited space, only Figures 1, 4, 10, 11, 17, 18, and 23 have been included in this manuscript. All other figures have been omitted. Please refer to the Imperial Household's Web site to view the other figures and read the Japanese transcript of this English text.

● the figures and images:

http://www.kunaicho.go.jp/okotoba/02/koen/koen-h27az-kokuren-slide.html

● the Japanese translation:

http://www.kunaicho.go.jp/okotoba/02/koen/koen-h27az-kokuren.html

図 5-4　著者提供
図 5-5　UNIPHOTO PRESS
図 5-6　著者撮影
図 6-1, 6-2, 6-3　講演資料をもとに作図
図 6-4　講演資料をもとに作図
参考：『見沼・その歴史と文化』（浦和市立郷土博物館編、さきたま出版会、2000 年）
図 6-5　講演資料をもとに作図
図 6-6　講演資料をもとに作図
出典：東京都水道局「玉川上水」
図 7-1　新規作図
図 7-2, 7-3, 7-4, 7-5, 7-6, 7-7　『がんばろう！東北 2011.3.11 東日本大震災支援活動』（社団法人 東北建設協会［現在 一般社団法人 東北地域づくり協会］、2011 年 6 月）所収の「被災前後の写真」を転載
図 7-8　講演資料をもとに作図
出典：「南海トラフの巨大地震モデル検討会中間とりまとめ」（2011 年 12 月 27 日）
図 7-9　宮内庁撮影
図 7-10　著者撮影
図 7-11　講演資料をもとに作図
参考：「南海トラフから発生した巨大地震の痕跡」（寒川旭、「南海トラフの巨大地震モデル検討会」、2011 年 11 月 24 日）および「地震考古学に関する成果の概要」（寒川旭、『第四紀研究』第 52 巻第 5 号、2013 年）
図 8-1　著者撮影
図 8-2　讀賣新聞社撮影
図 8-3　宮内庁撮影
図 8-4　宝来山神社所蔵
図 8-5　講演資料をもとに作図
参考：「人口動態統計」（厚生労働省）、「完全生命表」（厚生労働省）、「簡易生命表」（厚生労働省）、「水道統計」（日本水道協会）、「日本水道史」（日本水道史編纂委員会、日本水道協会、1967）
図 8-6　講演資料をもとに作図
参考：国連統計部公開データ
図 8-7　講演資料をもとに作図
出典：「国土交通省 新たなステージに対応した防災・減災のあり方懇談会」第 1 回（2014 年 10 月）の配布資料「現状の認識と今後検討が必要な事項について」
図 8-8　国際協力機構提供

図版クレジット

図 1-1　著者撮影
図 1-2　宮内庁撮影
図 1-3, 1-4　著者撮影
図 1-5　NASA's Goddard Space Flight Center
図 1-6　講演資料をもとに作図
参考：ドイツ・ホーエンパイセンベルク雨量観測所における日 30mm 以上の降雨があった日数（ドイツ気象局公開データ）および　米国で 1 日降雨量が 50.8mm を超えた面積の割合（米国海洋大気庁公開データ）
出典：内閣府「日本の災害対策 2015」
図 1-7　講演資料をもとに作図
出典：A. Noda and T. Tokioka: *The Effect of Doubling the CO_2 Concentration on Convective and Non-convective Precipitation in a General Circulation Model Coupled with a Simple Mixed Layer Ocean Model*, J. Meteor. Soc. Japan, 67, 1057/1059(1989)
図 2-1, 2-2　講演資料をもとに作図
参考：『集英社版 日本の歴史 5 平安建都』（瀧浪貞子、集英社、1991 年）
図 3-1 上段　京都市歴史資料館燈心文庫所蔵
図 3-1 下段　新規作図
参考：『兵庫北関入舩納帳』（林屋辰三郎編、中央公論美術出版、1981 年）
図 3-2, 3-3　新規作図
出典：「『兵庫北関入舩納帳』の一考察」（徳仁親王、『交通史研究』第 8 号、1982 年）
図 3-4 上段　京都府立京都学･歴彩館 東寺百合文書 WEB 提供
図 3-4 下段　新規作図
参考：『日本塩業大系 史料編 古代・中世（一）』（日本専売公社、1974 年）および『大日本古文書 家わけ第十 東寺文書之十一』（東京大学史料編纂所編、東京大学、1997 年）
図 4-1　講演資料をもとに作図
参考：「オックスフォードにおける私の研究」（徳仁親王、『交通史研究』第 34 号、1994 年）
図 4-2　著者提供
図 4-3　講演資料をもとに作図
参考：Carolyn Hutchings, The story of our Canals, Ladybird Books Ltd 所収のイラストレーション「How a canal lock works」（by Roger Hall）
図 5-1　UNIPHOTO PRESS
図 5-2　UNIPHOTO PRESS
図 5-3　著者撮影

宮内庁ホームページ／皇太子殿下のご講演（平成30年［2018］3月19日）
第8回世界水フォーラム「水と災害」ハイレベルパネルにおける皇太子殿下基調講演

冊子「皇太子殿下講演集」（日本水フォーラム、平成22年［2010］）
第3回世界水フォーラム開会式における皇太子殿下記念講演

『桜友会報』No.86（桜友会、平成17年［2005］）
中世における瀬戸内海水運について――兵庫の港を中心に見て

『交通史研究』第34号（交通史研究会、平成6年［1994］）
オックスフォードにおける私の研究――18世紀におけるテムズ川の水上交通史を研究して

冊子「第3回水資源に関するシンポジウム特別講演」（日本学術会議、昭和62年［1987］）
18世紀におけるテムズ川の水上交通について

冊子「皇太子殿下講演集」（日本水フォーラム、平成22年［2010］）
第4回世界水フォ－ラム全体会合における皇太子殿下基調講演

『東日本大震災　復興を期して――知の交響』（東京書籍、平成24年［2012］）
水災害とその歴史――日本における地震・津波災害をふりかえって

（本書が初出）

宮内庁ホームページ／皇太子殿下のご講演（平成27年［2015］11月18日）
第2回国連 水と災害に関する特別会合における皇太子殿下基調講演

原稿初出一覧

第1章
平和と繁栄、そして幸福のための水

第2章
京都と地方を結ぶ水の道　古代・中世の琵琶湖・淀川水運を中心として

第3章
中世における瀬戸内海水運について　兵庫の港を中心に

第4章
オックスフォードにおける私の研究

第5章
17〜18世紀におけるテムズ川の水上交通について

第6章
江戸と水運

第7章
水災害とその歴史　日本における地震による津波災害をふりかえって

第8章
世界の水問題の現状と課題　UNSGABでの活動を終えて

参考収録
Quest for Better Relations between People and Water

デザイン　熊澤正人＋伊藤翔太＋平本祐子（パワーハウス）
ＤＴＰ　明昌堂、NOAH
校　正　彌永由美、円水社、Lisa Gayle Bond
図版作成　手塚貴子
編集協力　藤橋和浩
協　力　宮内庁東宮職、学校法人学習院

装　画　吉田博『光る海（瀬戸内海集）』（木版画、大正 15 年［1926］）MOA美術館蔵

徳仁親王（なるひとしんのう）

昭和35年（1960）生まれ。昭和57年（1982）、学習院大学大学院人文科学研究科博士前期課程入学。昭和58年（1983）6月から昭和60年（1985）10月まで英国に滞在し、オックスフォード大学大学院に在学。昭和63年（1988）、学習院大学大学院人文科学研究科博士前期課程修了。平成3年（1991）、オックスフォード大学名誉法学博士。平成4年（1992）より学習院大学史料館客員研究員。平成15年（2003）、第3回世界水フォーラム名誉総裁。平成19年（2007）から平成27年（2015）まで国連水と衛生に関する諮問委員会（UNSGAB）名誉総裁。

水運史から世界の水へ

平成31（2019）年 4 月 5 日　第1刷発行
令和 6（2024）年 8 月 30 日　第3刷発行

著　者　徳仁親王　©2019 Crown Prince Naruhito
発行者　江口貴之
発行所　ＮＨＫ出版
　　　　東京都渋谷区宇田川町 10-3　郵便番号 150-0042
　　　　電　話　0570-009-321（問い合わせ）
　　　　　　　　0570-000-321（注文）
　　　　ホームページ　https://www.nhk-book.co.jp
印　刷　三秀舎
製　本　ブックアート

ISBN978-4-14-081772-8 C0020